U0483756

侨乡出色
——台山浮石飘色的保护传承研究

宋旭民 黄彩筠 著

中国华侨出版社
·北京·

图书在版编目（CIP）数据

侨乡出色：台山浮石飘色的保护传承研究/宋旭民，黄彩筠著.-- 北京：中国华侨出版社，2024.10
ISBN 978-7-5113-9145-2

Ⅰ.①侨… Ⅱ.①宋… ②黄… Ⅲ.①民间艺术—风俗习惯—非物质文化遗产—保护—研究—台山 Ⅳ.①K892.18

中国国家版本馆CIP数据核字（2023）第226884号

侨乡出色——台山浮石飘色的保护传承研究

著　　者：宋旭民　黄彩筠
责任编辑：桑梦娟
经　　销：新华书店
开　　本：710毫米×1000毫米　1/16开　印张：18.25　字数：269千字
印　　刷：北京鑫益晖印刷有限公司
版　　次：2024年10月第1版
印　　次：2024年10月第1次印刷
书　　号：ISBN 978-7-5113-9145-2
定　　价：78.00元

中国华侨出版社　北京市朝阳区西坝河东里77号楼底商5号　邮编：100028
编 辑 部：（010）64443056-8013　传　真：（010）64439708
网　　址：www.oveaschin.com　E-mail：oveaschin@sina.com

如发现印装质量问题，影响阅读，请与印刷厂联系调换。

《侨乡出色——台山浮石飘色的保护传承研究》
编写成员

编委会：台山市文化广电旅游体育局
　　　　台山市文化馆
　　　　台山市非物质文化遗产保护中心
　　　　台山市艺术馆
　　　　江门职业技术学院

主　　任：朱英炀

副主任：陈伟锋　苏宝筠　谭光辉

编　　委：何培华　冯浩然　朱英俊　陈天海　郭伟坚
　　　　　熊成惠　赵敏筠

序
PREFACE

美毓台山，民俗丰富，飘色就是诞生在这片乡土上的一朵奇葩。飘色俗称摆色，清代及民国时期作为特定民俗庆典的重要一环，在台山较为流行，台城、水步、汶村、斗山等地都曾有该民俗的流布。但随着时代的发展与信俗的变化，各地飘色逐渐式微甚至消失，至今仅存斗山浮石、汶村等处传承，其中，又以浮石飘色的传承较为有序。

浮石飘色，孕育于斗山镇浮石村，最初是北帝诞巡游的重要环节，后随时代变迁，逐渐转变为浮石赵氏族人庆典，乃至台山各地节庆活动的重要助庆节目。时至今日，浮石飘色已经成为国家级非物质文化遗产代表性项目，在台山乃至全国的文艺活动中，都能看到其身影。

浮石飘色延续至今，仍展现出旺盛的生命力，究竟为何？它的保护传承又将面临哪些瓶颈？该如何破局？一连串的问题唤起我们阵阵思考。为探寻究竟，以更好地推动飘色与台山非遗文化的保护、传承和弘扬工作，台山市非物质文化遗产保护中心联合江门市非物质文化遗产保护工作专家委员会副主任委员宋旭民教授，共同对浮石飘色展开深入的文献收集和田野调查。宋教授在此期间，不辞劳苦、孜孜以求，沟通各方、多管求证。在大家的共同努力下，《侨乡出色——台山浮石飘色的保护传承研究》得以成稿。该书以翔实的史料与田野调查资料为基础，基本梳理了浮石飘色的前世今生，为新时代浮石飘色的前程去路把脉支招，为其他日渐式微的非遗项目再续辉煌提供有益参考，更为敲开台山非遗在新时代发展的大门奋力一击。

当前，在新时代乡村振兴战略的推动下，"非遗+旅游""非遗+农业""非遗+工业"持续输出，在不同地区、不同领域大放异彩，生动

侨乡出色
——台山浮石飘色的保护传承研究

诠释了以文促旅、以旅彰文，以文兴农、以农馈文，以文旺产、以产益文的内涵。期待本书的出版，可成为浮石飘色发展的新起点，且乘东风扬帆起，在做实做优保护传承的同时，当好沟通海内外乡亲的文化纽带，当好推动乡村振兴的重要依托，当好展现新时代台山文化面貌的亮丽名片。更期待不久的将来，我们能继续挖掘更多非遗文化的内涵价值，激活创新非遗工艺，充分发挥非遗赋能作用，带动文化旅游融合发展、乡村特色产业发展，为展现侨乡文化魅力实现更大作为，为推动社会经济发展创造更多助力，为讲好新时代中国故事形成更有借鉴意义的台山经验。

台山市非物质文化遗产保护中心
2024 年 8 月

目　录
CONTENTS

第一章　绪　论
一、飘色与浮石　/　3

二、对飘色的研究概况　/　7

三、关于浮石飘色的若干思考　/　12

第二章　抬阁（芯子、铁枝、飘色）项目发展历史简述
一、抬阁的发展历史简述　/　19

二、抬阁的地区分布　/　25

三、抬阁艺术的特点　/　28

四、广东飘色　/　29

第三章　浮石发展概况
一、定居浮石　/　35

二、村落发展　/　37

三、浮石乡境及尝田　/　38

四、赵氏宗族及公房　/　40

五、出洋谋生　/　43

六、华侨对浮石的影响　/　46

七、浮石飘色起源　/　49

八、关于"飘色"称谓的讨论　/　52

第四章　支柱之一：浮石赵氏宗族

一、浮石生存自然环境的影响及赵氏的应对 / 57

二、人文环境的影响及赵氏的应对 / 67

三、浮石赵氏的特点 / 83

四、赵氏宗族在中华人民共和国成立前举办飘色活动的条件简析 / 95

五、赵氏宗族在中华人民共和国成立后给予飘色的支持 / 96

六、小结 / 100

第五章　支柱之二：浮石民间信仰

一、浮石民间信仰盛行的原因 / 103

二、浮石民间信仰的表现 / 107

三、民间信仰组织 / 120

四、民间信仰中的飘色展示 / 121

五、小结 / 124

第六章　支柱之三：浮石村落组织

一、中华人民共和国成立前开办的村落组织 / 127

二、中华人民共和国成立后村落组织的恢复 / 133

三、村落组织发达的原因分析 / 136

四、村落组织在民国时期发挥的作用 / 137

五、村落组织在中华人民共和国成立后发挥的作用 / 140

六、浮石飘色复活历程 / 145

七、小结 / 157

| 目 录 |

第七章 浮石赵氏与飘色的相互交融

一、对江门五邑主要民俗事象的选择逻辑分析 / 162

二、浮石赵氏选择飘色的动机分析 / 176

三、三根支柱与飘色的相互作用 / 184

四、小结 / 190

第八章 浮石飘色的当代发展

一、浮石飘色自中华人民共和国成立以来的表演情况 / 193

二、浮石飘色的构件与人员组成 / 203

三、飘色表演的民俗学观察 / 206

四、传承谱系及传承人 / 217

五、小结 / 220

第九章 浮石飘色的特色与价值

一、浮石飘色的特色 / 223

二、浮石飘色的价值 / 228

三、小结 / 232

第十章 浮石飘色的困境

一、赵氏宗族出现的困境 / 235

二、民间宗族组织出现的困境 / 240

三、村落组织出现的困境 / 243

四、小结 / 244

第十一章　浮石飘色保护传承的对策思考

　　一、加强人员培养层面的策略　/　247

　　二、扩大飘色影响层面的策略　/　253

　　三、提升旅游开发层面的策略　/　260

　　四、策略与困境的对应关系论述　/　267

　　五、小结　/　268

附录1　浮石村文献资料查阅指引　/　269

附录2　《浮山月报》出版情况一览表　/　272

参考文献　/　273

后　记　/　278

第一章 绪论

抬阁，是以传统戏剧元素为基础，通过人力承载的秘制机关展示戏剧人物凌空站立的艺术样式，它是集服饰、仪仗、音乐、戏剧、魔术元素于一体的综合性艺术，是传统社火的表演项目之一。它发轫于春秋，发展于唐宋，成熟于明清，在全国范围内广泛存在，受到社会各界的欢迎。这种艺术形式在非物质文化遗产体系中统称为抬阁，各地又有台阁、重阁、挠阁、脑阁、飘色、摆色、芯子、高抬、高装、高景、铁枝、背杆、铁杆、夜故事、故事会等不同称谓，各具特点与传统。

这一艺术样式在广东被称为飘色，同样有着广泛的传播，而台山浮石飘色就是其中的杰出代表。

一、飘色与浮石

（一）浮石村概况

台山位于珠江三角洲西南部，明弘治十二年（1499年）建县，称新宁县，至民国初年改称台山（本书为避免混乱，后文统一称为台山），1992年撤县建市，由江门市代管。台山是著名侨乡，有160多万名旅居我国港澳地区及海外的乡亲。

浮石村位于台山南部，背靠百峰山脉，面向南海。该村在北回归线

侨乡出色
——台山浮石飘色的保护传承研究

以南,属于亚热带海洋季风气候,在季风气候的影响下,常年雨水充沛,再加上充足的阳光,非常适合作物生长。该村土地广阔,有山地、丘陵约8平方千米,平原约10平方千米,由百峰山脉流下的兰溪河绕村而过,是一处适合人居的地方。

浮石村是赵姓单姓村,最高峰时有人口过万,现时户籍人口6000多人,实际居住人口4000多人,赵姓占90%以上。据传浮石赵姓为南宋王朝后代,因崖门海战而流落民间。明洪武年间,始祖赵宗远由新会睦洲迁至浮石定居立村,至今有600多年的历史。浮石村下辖十个坊,其中七个坊连为一体,当地人称为"大村",八坊、九坊位于大村西南,十坊位于东南,村中杂姓主要集中在十坊。该村历来有文化教育传统,被誉为"宁阳礼选"[1],该村乡贤赵灼翻译了第一本英文语法书——《纳氏英文法讲义》,赵恩普编写了中国第一本记录本村方言字典——《浮石三音字典》,赵拱宸参与创办了中国现存历史最久的侨刊《新宁杂志》,村中成立中国第一支农民排球队,还有国家级非物质文化遗产——浮石飘色。该村是岭南传统村落的代表。

另外,该村先辈在19世纪就开始出洋,现有港澳同胞和海外侨胞近万人。在华侨的支持下,兴建了为数众多的公共设施,各项文化事业也有长足发展,从1935年创办侨刊《浮山月报》,曾四停四复,至今出版了200多期;20世纪90年代编写广东省首部村志《浮石志》,内容详备。该村又是广东侨村的代表。

因此,当地保留了相当多的历史文化资源,2023年编制的《台山市斗山镇浮石村历史文化名村保护规划(2021—2035)》[2],对这些资源有详细的统计:

---

[1] 台山也称宁阳,海外有台山宁阳总会馆等侨团组织。
[2] 江门台山市斗山镇人民政府网站:http://www.cnts.gov.cn/jmtssdsz/gkmlpt/content/2/2573/mpost_2573676.html#4771,2023年8月27日查阅。

保护对象统计表（局部）

序号	保护对象分类		数量	具体保护内容
1	自然环境要素	自然山脉	——	浮山、牛山
		河流水系	——	正坑水库、响水潭水库、兰溪河
		浮山十景	——	浮山古十景：龙岩石室、兰涧香泉、陂塘晚钓、响潭瀑布、仙鹤晴岚、牛坟秋望、五山踏青、炮台榕荫、溪桥夜月、云阁春晓
			——	浮石新十景：云阁春晓、月门镜池、南门雄姿、璜楼旭日、方亭榕荫、古坟秋望、两髻晴岚、翠岫明湖、龙岩石室、陂塘夕照
2	传统街巷		——	始祖巷、六坊五巷、六坊六巷、六坊七巷、七坊下横街十八巷等
3	文物保护单位		2	赵灼故居、赵天锡故居
4	登记不可移动文物		6	小兰亭、承惠里门楼、雄镇西北碉楼、东里赵公祠、赵灼故居、赵天锡故居
5	传统建筑		10	北帝庙（北极殿）、凌云阁、平所赵公祠、振南赵公祠、南津赵公祠、云水赵公祠、东营碉楼、鹅东大屋、沃忠祖居、然庐等
6	历史环境要素	古桥	1	凌云石桥
		村墙	1	护村墙
		古井	10	村心古井、四坊古井、南平井等
		门楼	3	聚镇坊门楼、浮石村口门楼、浮石西门门楼
		公园	4	月门公园、鹅兜山公园、鹅峰山公园、兰溪公园
		风水塘	10	各坊风水塘
		古树名木	2	四坊古榕树、一坊古榕树
		构筑物	——	鹅头社坛、小闸门、赵氏祖墓、七坊村社稷

（二）浮石飘色概况

浮石飘色据传起源于清朝初年，一直是该村北帝诞巡游的重要表演内容之一，与头牌、色标、罗伞、舞狮、地色、八音锣鼓等组成巡游队伍，游遍全村，以祈求风调雨顺，五谷丰登，形成一个阵容鼎盛、多彩多姿的传统民俗节日。浮石飘色活动吸引了海内外乡亲和各级宣传媒体、各地摄影爱好者的关注，是当地最重要的节日。

自改革开放以来，浮石飘色多次受邀出外表演，曾三度赴澳门展演，获得好评。1996年，浮石被广东省文化厅命名为"广东省民族民间艺术之乡——飘色之乡"；2000年，被文化部命名为"中国民间艺术（飘色）之乡"；2006年，被省文联、省民间文艺家协会命名为"广东省民间飘色传承基地"；2008年，浮石村所在的斗山镇被文化部命名为"中国民间文化艺术之乡"；同年"台山浮石飘色"项目入选国家级非物质文化遗

在乡间巡游的浮石飘色，正中板色为《木兰从军》（台山市艺术馆提供）

产名录项目；2014年，获"中国历史文化名村"称号；2019年，列入全国乡村旅游重点村首批名单；2022年，入选第三批广东省乡村旅游精品线路名单。现在，飘色不仅是浮石的文化品牌，也成为台山乃至江门的文化品牌。但随着时代的发展，浮石飘色与其他非遗一样，面临着各种保护传承的问题，我们只有更加深刻地理解这一品牌的文化内涵与发展机制，才能为其保护与传承提供更加精准的药方。

二、对飘色的研究概况

学术界对广东飘色有较多的研究，其中就沙湾飘色专门出版了3本专著，崖口飘色和河田高景分别有1本专著。这些研究大致形成了以下成果内容：

（一）全面展示飘色的发展情况

王维娜的《空中大舞台——广东飘色》一书，详细介绍了飘色的艺术特点，飘色的分布情况，以及各地飘色的现状，是全面了解广东飘色的入门书籍。可惜书中唯独遗漏了台山浮石飘色。[①] 林凤群在《年年出色——南朗崖口飘色》一书中，全面展示了崖口飘色的历史，崖口飘色的特点，飘色制作的技艺。[②] 由陆河县主持编写的《国家级非物质文化遗产抬阁（芯子、铁枝、飘色）·河田高景》中，同样以翔实的材料展示了河田高景的制作、传承人的情况，以及近年来的发展。[③] 叶春生、李鹏程所著的《番禺飘色》，王开桃、宋俊华的《沙湾飘色》，王维娜的《千色天空——沙湾飘色》，三部著作对研究番禺飘色特别是沙湾飘色也做了非常全面的介绍。这些著作为几个国家级非遗项目保留了珍贵的一手材料，

---

① 王维娜：《空中大舞台——广东飘色》，哈尔滨：黑龙江人民出版社，2007年。
② 林凤群：《年年出色——南朗崖口飘色》，广州：广东人民出版社，2012年。
③ 陈文山：《国家级非物质文化遗产抬阁（芯子、铁枝、飘色）·河田高景》，内部资料，2018年。

侨乡出色
——台山浮石飘色的保护传承研究

为今后研究这些项目打下了坚实的基础。李兴文、黎国韬在《飘色的起源与历史发展》一文中,制作了《广东诸"色"艺术简表》,罗列了紫坭春色、佛山秋色、沙湾飘色、梅菉飘色、麻车火色、市桥水色、小榄水色、客家马色几种相近的表演艺术形式,并对比了它们的表演特征异同,对研究飘色具有一定的参考价值,可惜唯独遗漏了浮石飘色。

广东诸"色"艺术简表[①]

色名	舞蹈名称	表演特征	备注
紫坭春色	树头色	1.把大茶仔树桩插于桌面上,在树的枝干上置两三个女孩童,扮演故事;2.出色时抬着桌子游行;3.每板春色就是一幅画,扎作工艺十分讲究	前有醒狮开路,渔灯、火炬掺杂其中
	锣鼓柜色	1.用四根木柱扎成一个八音锣鼓架,扮演故事的小女孩置于其中,由四至八人抬着出行;2.每板春色就是一幅画,扎作工艺十分讲究	前有醒狮开路,渔灯、火炬掺杂其中
佛山秋色	车船	1.有船车、马车、鱼车、轿车等造型,由大力士扛着;2.表演者一至二人,在车上扮演故事	杂于秋色队伍中
	舞十番	1.以高边锣、大文锣、翘心锣、单打、大钹、大鼓、群鼓、沙鼓、云锣、响锣十种乐器组成,轮番吹奏,表演一定的套曲;2.其中穿插飞钹特技表演,舞者手执数尺长的绸带,绸带拴着钢钹,挥舞旋转	杂于秋色队伍中
	大头佛	1.即舞狮;2.由佛公、佛婆逗引;3.有一整套表演程式;4.舞蹈中还穿插武术动作	杂于秋色队伍中
沙湾飘色	飘色	1.以一根特制钢筋作色梗,使表演者凌空飘起;2.每板由二至三名儿童扮演,组成一个画面,表现一定故事内容;3.配以八音锣鼓柜等	

---

① 李兴文、黎国韬:《飘色的起源与历史发展》,《文化遗产》2014年第1期。

续表

色名	舞蹈名称	表演特征	备注
梅菉飘色	飘色	制作工艺和表演形式与沙湾飘色大略相同	
麻车火色	舞火狗	1. 共舞九种动物；2. 火兽由竹篾扎制，插上粗香；3. 夜间燃点，结队巡行舞动	沿路放鞭炮、烟花
市桥水色	水色	1. 水上放木筏，上插头牌、罗伞、鲜花、布景等；2. 艺人化装成各种神话、戏曲人物，在木筏上扮演故事；3. 木筏顺流而动；4. 每板水色均有音乐艇相随	
小榄水色	水色簖	1. 以色船置水上；2. 艺人于船上表演各种舞蹈、故事	往往与水陆超度仪式共同进行
客家马色	布马	1. 假马由竹篾扎制，外蒙绸布；2. 舞者戴假马而舞；3. 以潮州大锣鼓伴奏	
	纸马	1. 由一生一旦戴假马而舞，外加一马童；2. 以表演骑马动作为主，故事简单	

现时，唯独台山浮石飘色没有专门的著作问世，使世人对它的文化内涵不甚了解。奚锦的硕士学位论文《台山浮石飘色的调查研究》是目前较为全面介绍浮石飘色的文章，但文章并未真正挖掘出浮石飘色与其他飘色不同的特色，对浮石的历史文化也仅限于说是皇族之后，没有关注到它是岭南传统村落与广东侨村的重要代表。[①] 可见，相对其他同类项目，学术界对浮石飘色的关注程度较低。

（二）系统分析了飘色的生存土壤

叶春生、李鹏程在《番禺飘色》一书中，从地理与人文环境方面剖析了当地孕育飘色的原因。认为当地产物丰富，有良好的经济基础，因此形成了厚重的民间文化底蕴，是粤剧、广东音乐、岭南画派的发源地，

---

① 奚锦：《台山浮石飘色的调查研究》，华中师范大学硕士学位论文，2014年。

侨乡出色
——台山浮石飘色的保护传承研究

拥有各种民间传统艺术,正是这样的文化土壤,催生了飘色艺术。[①] 但是,书中只是笼统地列举了这些文化基础,以及飘色的发展现状,并没有系统分析其中的对应关系,也没有分析飘色与这些文化基础之间的互动情况。

王开桃、宋俊华的《沙湾飘色》一书在《番禺飘色》的基础上,更加聚焦沙湾的这一民俗事象,指出其产生的文化背景分别是随处可见的古建筑,丰富多彩的民俗、民间文化艺术,数不胜数的民间文化艺人;分析了沙湾飘色产生的经济基础是何氏宗族的雄厚力量和地方经济的繁荣;专章分析了粤剧、广东音乐、广绣艺术对飘色的影响。[②] 本书使读者更深入地了解沙湾飘色产生的根源与土壤,感受到其深厚的历史文化底蕴。但是,何氏宗族作为沙湾大族,是飘色传承的主体,它是如何具体地推动飘色发展,飘色又如何为何氏宗族的生存发展助力,这方面仍有继续深挖研究的空间。

(三)对飘色文化价值的研究

奚锦对台山浮石飘色进行调查研究,指出它具有历史的见证者、乡情的传递者、文化的传承者、村庄经济的带动者的价值。[③] 文章的分析较为全面到位,但他认为浮石飘色继承了赵氏皇族的贵族基因,未免过于夸大其价值,也缺少站得住脚的论据,毕竟飘色的产生是在赵氏扎根浮石300年后才产生的。对乡情的传递作用,仅限于乡亲对飘色的捐款,但飘色是如何牵动乡亲的乡情,他们之间互动过程如何,体现的具体价值是什么等问题,由于缺少一手材料,则未有谈及。

湛江教育学院的王敏对湛江舞人龙和吴川飘色进行研究,认为两者

[①] 叶春生、李鹏程:《番禺飘色》,哈尔滨:黑龙江人民出版社,2007年。
[②] 王开桃、宋俊华:《沙湾飘色》,广州:暨南大学出版社,2011年。
[③] 奚锦:《台山浮石飘色的调查研究》,华中师范大学硕士学位论文,2014年。

具有共同的人文精神和意义，包括：体现爱国主义和民族精神，保留了原始文化中的"娱神"色彩，以人体造型、肢体语言为其审美特征。[①] 由于本研究缺少对这一民俗事象进行文献分析和田野调查，吴川的历史文化是如何影响与推动飘色发展的阐述不足。因此，所提炼的文化价值未能切中该民俗事象的要点，尚待继续深入挖掘。

黄聪玲、李晓瑜从审美的角度，提出飘色是浓缩的戏剧，具有奇妙的结构，是流动的艺术，是活动的雕塑。[②] 其价值分析主要就飘色的表现艺术来谈，没有从民俗学、历史学角度切入，在宗族、民间信仰层面进行剖析。

（四）为飘色的保护传承提出对策

龙洁丽分析吴川飘色面临的外来文化冲击、传承、资金、知名度和艺术创新方面存在的问题，提出的保护传承策略包括：要培养社会人士的兴趣，老艺人解放思想，开拓传承渠道；在飘色表演时加上文字注解，制作纪念品，加强旅游开发与网络推广。[③] 但是，这样的对策并未能精准地为吴川飘色开方，原因则是对吴川飘色的基础并未有深入的了解。

王首燕针对沙湾飘色，提出要从民间信仰入手保护，包括：部分利用民间信仰的内容进行宣传；以新农村建设为杠杆引导民间信仰复兴；以社区营造为突破口，调动社会力量保护飘色。[④] 文章主要紧扣民间信仰这一切入点提出对策，但沙湾飘色背后的宗族力量被忽视了，没有了宗族力量的参与，其保护传承也是事倍功半。

---

① 王敏：《浅谈湛江"舞人龙"、"飘色"的人文意义》，《湛江海洋大学学报》2004年第5期。
② 黄聪玲、李晓瑜：《试探"飘色"艺术的审美价值》，《南方论刊》2011年第3期。
③ 龙洁丽：《吴川飘色的多重价值及保护、传承、发展对策》，《惠州学院学报》（社会科学版）2011年第4期。
④ 王首燕：《深嵌于民间信仰的非物质文化遗产及其保护——以沙湾飘色为例》，《北方民族大学学报》（哲学社会科学版）2016年第4期。

侨乡出色
——台山浮石飘色的保护传承研究

彭爽在对中山崖口飘色、台山浮石飘色、番禺沙湾飘色的分析之后，提出一系列的保护措施，包括：建立民俗博物馆对飘色进行固态保护，开发特色旅游对飘色进行动态保护，在政府主导下对飘色民俗进行有针对性保护。[①] 但是，所提出的对策较为宽泛，缺少针对性，也未能精准地切中这几个飘色项目当前的生存危机。

三、关于浮石飘色的若干思考

为此，本书希望以浮石飘色为案例，破解以下几个问题，并为其他的飘色项目，乃至其他传统民俗事象的研究提供借鉴。

（一）浮石飘色的生存基础

一种民俗事象的诞生、发展，乃至死而复活，一定不是偶然性使然，而是有着内在的历史原因。而且，这种因素可能是多元的，几个因素之间相互交织，以该民俗事象为表现物，构成了地方的人文生态网络。具体到浮石飘色，它的产生不仅仅是简单的历史文化深厚，或是宗族财雄势大，而且必然是宗族的生存发展需求，催生了这种传统艺术样式，以之作为自身对内聚力、对外交往的手段。同时，飘色的展示又与民间信仰息息相关。那么，民间信仰与宗族的关系，哪一方应该起主导作用？另外，浮石作为侨乡，由侨而孕育的村落组织又是如何与宗族、民间信仰达成平衡，这种平衡最终对飘色产生的是积极作用还是消极作用？特别是办有《浮山月报》，积累了大量的文献材料，这些材料之前少有人关注，我们能否通过对这些材料进行挖掘梳理，描画出浮石村的人文生态图景？这些问题应该通过细致地观察剖析予以挖掘。如果能够做到这点，将是对飘色研究的一点突破。

---

① 彭爽：《广东"飘色"民俗文化的保护和传承探究》，《文化创新比较研究》2021年第11期。

板色《劈山救母》穿过古老的闸门牌坊（区晓霞提供）

（二）飘色为何能脱颖而出

传统民俗事象有多种多样，而具体到某个村落，为何会钟情于其中一个，除了偶然性因素影响之外，这种民俗事象必然还有一些与其他民俗事象不一样的地方，正是这样的差异，使之与该地的契合度更高。如果要回答这个问题，就必须将一系列有代表性的民俗事象进行横向对比，分析其中的异同。本书作者在之前已经较为深入地研究过一系列江门境内较具代表性的非遗项目，如开平泮村灯会、蓬江荷塘纱龙、鹤山客家花炮庙会、江海礼乐龙舟、鹤山狮艺等，有了一定的研究基础。本书期待在异同对比中，能更加深刻地理解飘色的本质特征，也能更好地理解浮石选择飘色的逻辑。这项工作尚没有人做过，其意义不仅是帮助读者读懂飘色，也可读懂其他传统民俗事象，这将是很有意义的事情。但是，这仅仅是一种尝试，其结果如何，仍有待讨论并验证。

（三）飘色的价值何在

以往有些对于某项传统民俗事象的价值讨论，似乎已形成一个程式，只要往里面套就算完成任务。而本书认为，每项传统民俗必定有其独特的价值，要将这样的价值挖掘出来，就必须依赖于对这一项目生存土壤的理解。否则，就可能简单地将同类的项目进行比较，认为某个项目更优秀、更有价值。具体到浮石飘色，同样存在这样的问题。平心而论，如果单从艺术表现来说，浮石飘色可能比不上吴川飘色；从文化底蕴来说，可能比不上沙湾飘色；从历史积淀来说，更不能与中原地区的抬阁项目相比较。但这是不是就说明，浮石飘色不如它们？如此论断只会使浮石飘色真正具有价值的部分被淹没。而另一个极端则是，有些人可能一味闭起门来自我欣赏，认为浮石飘色既然荣膺国家级非遗头衔，就理应具有足够的价值，这种看法也可能使我们陷入盲目的自信，而无法看到其存在的不足，并为其开出有效的药方。因此，在充分讨论浮石飘色的生存环境及相互之间的关系之后，我们必须尽可能客观地分析它的价值所在，只有这样才能使我们更准确地把握它的优势与不足。

（四）飘色的保护传承措施

为浮石飘色开出保护传承的药方，这是本书研究的根本目的。这样的药方不应是放诸四海而皆准的，更不应是脱离现实、难以落地的。这种情况正是现时非遗研究的一个通病。要避免这点，就必须依靠前面对

位于一坊的永惠里牌坊，牌坊背面题"西北保障"，可见这是当时进出大村的一个重要通道。牌坊原有对联"北极当山通神明德，西楼隔水近圣人居"，现已被毁。另外，该村东边还有形制相仿的聚震坊牌坊，牌坊背面题"保厘东郊"（宋旭民拍摄于2023年9月26日）

浮石飘色生存环境的理解，对浮石飘色价值的把握，还要深入分析那些存在问题的根本原因。当这样的基础打牢固了，才有可能对症下药，形成具有一定建设性与操作性的措施。当然，这样的愿望能否实现，还需要主管部门和传承者的后续实践验证。

（五）以侨刊文献作为重要研究依托的尝试

一直以来，学界对侨刊的研究侧重于在宏观领域的研究，少有以某村的侨刊为依托，对该村的宗族、民间信仰、村落组织进行深入细致的研究。本书以《浮山月报》为着力点，在对浮石飘色的产生、发展，以及保护进行全面研究的同时，也尝试借此对浮石村这个岭南传统村落、广东侨村代表之一进行全面而系统的研究，为今后更好地利用侨刊资源探索可行路径。

第二章 抬阁（芯子、铁枝、飘色）项目发展历史简述

在开始对浮石飘色展开研究之前，我们有必要先对飘色的发展历史进行简单的梳理，对它的整体特点进行概括。有了这个基础，对后续深入探讨浮石飘色具有重要的指导价值。

一、抬阁的发展历史简述

（一）春秋时期——萌芽期

最早关于抬阁的传说出自河南。据传，孔子周游列国，路经安阳干戈沟，平息了当地纷争。他感受到当地的民风淳朴，便提议以他的家乡"曲阜"的"曲"字代替"干戈"二字，并希望曲阜与曲沟永结友好之情。当地人受到孔子的教化，为他进行了盛大的送别仪式，不仅击鼓，还用高桌抬着唱歌的男女童子，边走边唱，好让渐行渐远的孔子能够看到、听见。自此，这种艺术表现样式就保留下来，并被取名为"抬阁"。[①] 不过，这个故事只是民间传说，没有留下文献记录。而且，这一时期的抬阁只是用高桌把童子抬起，在上面表演唱歌，并没有其他的戏剧元素。这与当时戏剧尚未出现有关。

在春秋至唐代前的几百年时间，是否出现了由孔子时代的抬阁衍化

---

① 仝娟：《抬阁和戏曲的共通性之浅议》，《黄河之声》2010年第22期。

的艺术表现形式呢？有学者认为，北魏时期的"行像"仪式就是一种。据《洛阳伽蓝记》记载："四月四日此像常出，辟邪、师子导引其前……彩幢上索，诡谲不常。"[1]并据此认为行像与抬阁有很多相像之处。[2]对此，本书认为这种说法存在牵强成分，毕竟行像所抬的是佛像，更像是民间的游神。

与抬阁更有渊源的应该是汉代百戏中的寻橦。所谓寻橦，就是在竹竿上表演杂技。但寻橦是依靠人力技巧在竹竿上停留表演，而抬阁则不需要任何技巧，只需要借助巧妙设计的机关辅助即可。

值得注意的是，秦汉至南北朝时期人们大量使用钢铁，是钢铁时代的确立期。西汉中期兴建了许多大型冶铸作坊，发明半液态冶炼的炒钢，到东汉晚期又发明灌钢，出现"百炼钢"，随着技术的成熟与成本的降低，人们也在生活中大量使用钢铁。抬阁机关将人体悬浮于空中，出于安全性考虑，对钢铁技术有较高要求，这一时期的技术发展为抬阁提供了支持。[3]之前研究抬阁发展史的著作少有关注钢铁这一重要原材料对这门技艺的支撑作用，本书认为，如果在这方面的技术上难以保证，真正意义上的抬阁表演是难以出现并广泛推广的。

（二）唐宋时期——成形期

到了唐代，出现高台社火。可惜也没有留下准确的文字记录，因此无法确认当时出现了抬阁表演。关于抬阁的最早文献出自南宋周密的《武林旧事》：

> 户部点检所十三酒库，例于四月初开煮，九月初开清。先至提领所呈样

---

[1] 〔北魏〕杨衒之：《洛阳伽蓝记校笺》，北京：中华书局，2006年，第44页。
[2] 李兴文、黎国韬：《飘色的起源与历史发展》，《文化遗产》2014年第1期。
[3] 何堂坤：《中国古代金属冶炼和加工工程技术史》，太原：山西教育出版社，2009年，第9页。

品尝，然后迎引至诸所隶官府而散。每库各用匹布，书库名高品，以长竿悬之，谓之"布牌"。以木床铁擎为仙佛鬼神之类，驾空飞动，谓之"抬阁"。①

同时代的《西湖老人繁胜录》中也有记录："开煮迎酒候所……或用台阁故事一段；或用群仙，随时装变大公。"②另外，在《梦粱录》中，对钱塘门外霍山路祠山正佑圣烈昭德昌福崇仁真君的诞辰活动有详细描述，其中也提到抬阁："台阁巍峨，神鬼威勇，并呈于露台之上。"③

这三段文献描述的内容大致相同，具有较高的可信度，前一段提到"以木床铁擎""驾空飞动"，而三段用了"台阁"或"抬阁"的名称，都以仙佛为表现对象。说明最迟在南宋时，这种艺术形式已基本成形。不过，当时的抬阁主要用于庆祝开酒库之用，庆神诞倒在其次。宋代把酒作为专卖品，设置酒务，管理酒的酿造和售卖，以此收入补充国库空虚的难题。④朝廷为了鼓励民众喝酒，在开酒库时会大搞庆祝活动，这一天成为一个全民狂欢的节日。这也说明抬阁表演在当时主要是政府的行为。

（三）明代——普及期

明代是抬阁表演走向成熟的阶段。此时的抬阁已融入了丰富的戏剧元素，表现的文化内涵更加多样化。

在明代的北京城，抬阁已非常普及，刘侗、于奕正在《帝京景物略》中对抬阁做了细致的描写：

夸僞者，为台阁，铁杆数丈，曲折成势，饰楼阁崖木云烟形，层置四五儿婴，扮如剧演。其法，环铁约儿腰，平承儿尻，衣彩掩其外，杆暗

---

① 〔宋〕周密：《武林旧事》，北京：中华书局，2007 年，第 80 页。
② 〔宋〕西湖老人：《西湖老人繁胜录》，呼和浩特：远方出版社，2001 年，第 5 页。
③ 〔宋〕吴自牧：《梦粱录》，西安：三秦出版社，2004 年，第 13 页。
④ 王赛时：《中国酒史》，济南：山东大学出版社，2010 年，第 135—136 页。

侨乡出色
——台山浮石飘色的保护传承研究

从衣物错乱中传。下所见云梢烟缕处,空坐一儿,或儿跨像马,蹬空飘飘,道旁动色危叹,而儿坐实无少苦。人复长竿掇饼饵,频频啖之。路远,日风暄拂,儿则熟眠。①

除了在京城,广大的乡村也竞相举办抬阁表演。清初安徽休宁人赵吉士的曾祖父在其日记中记录道:

万历二十七年,休宁迎春,其台戏一百零九座。台戏用童子扮故事,饰以金珠缯彩,竞斗靡丽,美观也!近来此风渐减,然游灯犹有台戏,以绸纱糊人马,皆能舞斗,较为夺目。邑东隆阜戴姓更甚,戏场奇巧壮丽,人马斗舞亦然。每年聚工制造,自正月迄十月方成,亦靡俗之流遗也。②

明末的张岱在《陶庵梦忆》中也有两则这样的记录:

(1) 枫桥杨神庙,九月迎台阁。十年前迎台图,台阁而已;自骆氏兄弟主之,一以思致文理为之。扮马上故事二三十骑,扮传奇一本,年年换,三日亦三换之。其人与传奇中人必酷肖方用,全在未扮时一指点为某似某,非人人绝倒者不之用。迎后,如扮胡桩者,直呼为胡桩,遂无不胡桩之,而此人反失其姓。人定,然后议扮法。必裂缯为之。果其人其袍铠须某色、某缎、某花样,虽匹锦数十金不惜也。一冠一履,主人全副精神在焉。③

(2) 壬申七月,村村祷雨,日日扮潮神海鬼,争唾之。……五雪叔归自广陵,多购法锦宫缎,从以台阁者八:雷部六,大士一,龙宫一,华重美都,见者目夺气亦夺。盖自有台阁,有其华无其重,有其美无其都,有其华重美都,无其思致,无其文理。轻薄子有言:"不替他谦了也,事

---

① 〔明〕刘侗、于奕正:《帝京景物略》,上海:上海古籍出版社,2001年,第193—194页。
② 〔清〕赵吉士:《寄园寄所寄》,合肥:黄山书社,2008年,第872页。
③ 〔明〕张岱:《陶庵梦忆》,哈尔滨:北方文艺出版社,2019年,卷四。

事精办。"①

这几则笔记表明，抬阁民俗在当时已相当普遍，即使是在安徽的一个小县城，也有相当精彩的表演，而且多达109台，场面非常壮观。枫桥杨神庙的抬阁活动一次有"二三十骑"，而且是"年年换，三日亦三换之"，足见信众对抬阁的重视。

值得注意的是，此时的抬阁表演已不仅仅是娱神，更多地显现出娱人的属性，通过极尽奢华与花样翻新，以吸引观众驻足。

（四）清代——繁盛期

到了清代，文人笔记中更是频繁地出现抬阁的记录，特别是广东地区的文献，更是数量众多，显示这一时期广东地区普遍流行抬阁表演。

（1）都天会最盛者为镇江，次则清江浦，每年有抬阁一二十架，皆扮演故事，分上中下四层，最上一层高至四丈，可过市房楼檐，皆用童男女为之，远观亭亭然如彩山之移动也。此外旗伞旌幢，绵亘数里，香亭数十座无一同者。又有坐马二十四匹，执辔者皆华服少年。又有玉器担十数挑，珍奇罗列，无所不备。每年例于四月二十八举行。其最不可解者，抬阁一二十座非一人所能办，必一年前预为之；而出会之前一日，尚不知今年之抬阁是何戏剧也，其慎密如此。②

（2）又取民间子十五以下为把竿之戏。竿长二丈，以篔簹为之，砻节莹皮，其光可鉴；教之攀缘上下，盘舞竿头；之信把盏观笑以为乐。③

（3）元夕，张灯烧起火，十家则放烟火，五家则放花筒；嬉游者率袖象牙香筒，打十八间为乐。城内外舞狮、象、龙、鸾之属者百队；饰童

---

① 〔明〕张岱：《陶庵梦忆》，哈尔滨：北方文艺出版社，2019年，卷七。
② 〔清〕欧阳兆熊、金安清：《水窗春呓》，北京：中华书局，1984年，第75页。
③ 〔清〕仇巨川：《羊城古钞》，广州：广东人民出版社，1993年，第666页。

侨乡出色
——台山浮石飘色的保护传承研究

男女为故事者百队;为陆龙船,长者十余丈,以轮旋转,人皆锦袍倭帽,扬旗弄鼓,对舞宝灯于其上。①

(4)元夕张灯,嬉游者率袖象牙香筒,打十八间为乐。舞狮象龙鸾之属者百队,饰童男女为故事者百队,为陆龙船,长者十余丈,以轮旋转,皆锦袍倭帽,扬旗弄鼓,对舞宝灯于其上。②

(5)粤俗最喜迎神赛会。凡神诞,举国若狂。台阁故事,争奇斗巧。富家竞出珠玉珍宝,装饰幼童,置之彩亭;高二丈许,陆离炫目。③

(6)会城喜春宵,吾乡喜秋宵。醉芋酒而轻风生,盼嫦娥而逸兴发,于是征声选色,角胜争奇。被妙童以霓裳,肖仙子于桂苑,或载以采架,或步而徐行,铙鼓轻敲,丝竹按节,此其景韵者矣。④

(7)玉蟾流彩照长空,韵事清宵选妙童。仿佛羽衣天半落,锦澜西畔塔坡东。⑤

此时的抬阁表演与当地的神诞活动紧密结合,成为神诞活动最为重要的吸引人处。广东经过明清两代的发展,已有不少地方豪族,他们有很高的热情举办游神赛会活动,也使得抬阁表演在广东迅速流行起来,相对中原地区,有过之而无不及。另外,广东冶铁业非常兴盛,佛山是当时的冶铁中心⑥,这一技术也为飘色的普及奠定了物质基础。从文献的表述看,此时尚未有"飘色"一词出现,估计到清末、民国时期才出现"飘色"这样的名称。

---

① 〔清〕仇巨川:《羊城古钞》,广州:广东人民出版社,1993年,第674页。
② 佚名:《岭海丛谭》,载《岭南随笔(外五种)》,广州:广东人民出版社,2015年,第644页。
③ 〔清〕张渠:《粤东闻见录》,广州:广东高等教育出版社,1990年,第50页。
④ 汪宗准:《佛山忠义乡志·卷六》,民国十五年(1926年)。
⑤ 汪宗准:《佛山忠义乡志·卷十一》,民国十五年(1926年)。
⑥ 曹腾騑、谭棣华:《关于明清广东冶铁业的几个问题》,载《明清广东社会经济形态研究》,广州:广东人民出版社,1985年,第117—131页。

| 第二章 抬阁（芯子、铁枝、飘色）项目发展历史简述 |

二、抬阁的地区分布

抬阁表演广泛分布于河北、山东、山西、内蒙古、江苏、浙江、安徽、四川、甘肃、宁夏、湖南、广东、福建等地，其中包括一些非汉族聚居区域，如内蒙古、宁夏。截至2021年，国务院共公布5批国家级非物质文化遗产，除了第一批没有抬阁项目之外，其他四批均有立项，立项数最多的批次为第二批，共有26项，四批共计立项32个。在现时立项国家级非遗的省份中，以福建、广东为最多，各有4项。[①] 各地对抬阁的叫法不一，河北、山西的多叫抬阁，山东的多叫芯子，广东的多叫飘色，福建的多叫铁枝，湖南的多叫故事会，等等。

第二批（26项）：

葛渔城重阁会	河北省廊坊市
宽城背杆	河北省宽城满族自治县
隆尧县泽畔抬阁	河北省隆尧县
清徐徐沟背铁棍	山西省清徐县
万荣抬阁	山西省万荣县
峨口挠阁	山西省代县
脑阁	内蒙古自治区土默特左旗
金坛抬阁	江苏省金坛区
浦江迎会	浙江省浦江县
肘阁	安徽省寿县
抬阁	安徽省临泉县
大坝高装	四川省兴文县
青林口高抬戏	四川省江油市

---

① 值得关注的是，研究最多的沙湾飘色至今没有入选国家级非物质文化遗产名录，但它与吴川飘色、台山浮石飘色、河田高景一起，在2006年就入选广东省第一批非物质文化遗产名录。

侨乡出色
——台山浮石飘色的保护传承研究

庄浪县高抬	甘肃省庄浪县
湟中县千户营高台	青海省湟中县
隆德县高台	宁夏回族自治区隆德县
阁子里芯子	山东省淄博市临淄区
周村芯子	山东省淄博市周村区
章丘芯子	山东省章丘市
霍童铁枝	福建省宁德市蕉城区
福鼎沙埕铁枝	福建省福鼎市
屏南双溪铁枝	福建省屏南县
南朗崖口飘色	广东省中山市
台山浮石飘色	广东省台山市
吴川飘色	广东省吴川市
河田高景	广东省陆河县

第三批（4项）：

海沧蜈蚣阁	福建省厦门市海沧区
宜章夜故事	湖南省宜章县
长乐抬阁故事会	湖南省汨罗市
通海高台	云南省通海县

第四批（1项）：

珠梅抬故事	湖南省涟源市

第五批（1项）：

渼陂彩擎	江西省吉安市青原区[①]

[①] 中国非物质文化遗产网·中国非物质文化遗产数字博物馆。

2023年浮石北帝诞巡游，正中的板色为《赵子龙救阿斗》，浮石赵氏以赵子龙为荣，飘色巡游往往以此起头，以穆桂英挂帅结尾（陈荣赞提供）

三、抬阁艺术的特点

（一）娱

首先是娱神。抬阁表演往往是迎神赛会活动中的助兴项目，通过展示戏剧中的人物造型、扮相，以娱悦神灵，希望获得神灵的庇佑，确保本地风调雨顺、人丁兴旺。这是民间举办抬阁的最初目的。

其次是娱人。迎神赛会常常又是民间社会重要的娱乐活动，让人们得以欢愉聚会，获得片刻的放松。抬阁具有极高的观赏性，正是娱悦观众的重要手段之一。而且，这些抬阁主题都是人们喜闻乐见的民间故事与精彩剧目，观众可以在舞台之外近距离地观赏这些戏剧人物，所得到的欢愉感是极为浓烈的。

（二）合

首先是合众。举办迎神赛会的主要是地方宗族，由于需要耗费大量的人力物力，宗族常常要集合族内的所有力量，才能成功举办。通过这样的活动，能有效地凝聚族众的人心，对外展示出万众一心的形象，为本族争取更大的生存空间。而抬阁就是其中一项需要耗费大量资源的活动，举办过程中可以较好地发挥合众的作用。

其次是融合。迎神赛会不同于极具排他性的祭祖，相对较为开放，在举办时，主办方常常会邀请邻村、异族前来聚会，十里八乡的村民也会慕名前来观看，顺便走访该村的相熟亲朋。当受邀嘉宾和观众看到包括抬阁在内的精彩表演时，也会进入主办方刻意营造的剧场愉悦之中，强化了双方的关系。

（三）美

首先是造型美。抬阁表演源于戏剧，设计者根据戏剧的剧情，选取一个最能表现人物形象的瞬间,以艺术化的造型凝固。在行进的过程中,又因风吹而衣带飘飘,在似动似静之间,让观众感受其造型的美感。同时,抬阁的形式又使观众必须采用仰视的方式观看,表演者远驾而来、腾空而去,更是极大地冲击了观众的视觉,有如神仙天降,在似幻如真中产生强烈的美感。

其次是服饰美。抬阁表演的一大看点是服饰,这些服饰与戏剧中的服饰一样,具有鲜艳夺目的特点,设计者又善于选择与周围产生对比的颜色相配,再加上漫卷如山的旌旗衬托、震耳欲聋的锣鼓音乐伴奏,使得观众从这种超脱平凡的听觉与视觉感受中得到极大的审美满足。

最后是形象美。所选的抬阁演员必须是面容秀美的,以获得观众的青睐。同时,由于所选的必须是小孩,当具有稚气的面容配上戏剧的妆扮,而小孩所穿的服饰又小巧精致,更能产生与戏剧舞台不一样的差异化美感,用现在的流行语形容就是"萌"。

(四)奇

首先是神奇。抬阁表演通过巧妙的机关设计,以及宽大的袍服和特定的道具遮掩,使表演者凌空而立,做出极具难度的动作,营造出惊险的情状,让不明就里的观众大呼神奇,甚至认为是神灵的神迹所致。

其次是争奇。举办者为了让观众获得更多的新奇感,每次抬阁时都会设计一些新的造型。一些抬阁活动还具有竞争性,各个举办者更是费尽心机设计,希望能出奇制胜,使表演舞台成为暗中角力的平台。这种争奇促使抬阁表演推陈出新、花样翻新,持续地吸引观众的关注。

四、广东飘色

抬阁在广东普遍称作飘色,除了上述入选国家级非遗名录的4种之外,还有广州市沙湾飘色、潭山飘色,中山市黄圃飘色,珠海市乾务飘

侨乡出色
——台山浮石飘色的保护传承研究

色,茂名市镇隆飘色,湛江市遂溪飘色、南三飘色,云浮市连滩飘色,韶关市翁源飘色等。

而在台山境内,也有汶村飘色[①]、水步飘色[②]、三社飘色[③];浮石人赵天锡《溽城醮词》写广海的醮会,有句云:"十字街头火万枝,登场傀儡好威仪。"[④]此傀儡有可能是飘色,说明广海也有飘色活动;与台山邻近的开平沙岗每十年做一次功果(打醮),也会出动飘色;[⑤]开平水口的龙冈公所每逢二月初二祭祀,除了舞龙舞狮,还有担架秋色,[⑥]这个"担架秋色"可能也是指飘色。可见,飘色虽然不及舞龙舞狮普及,但仍然遍布广东各地,在台山境内也有一些地方举办,是岭南重要的传统民俗事象之一。可惜,上述台山、开平的飘色在中华人民共和国成立后均已消失。

广东飘色源自中原,出现的时间较晚,估计在明末清初。相传广东飘色活动的推广与名伶李文茂[⑦]有关。当时李文茂是广东天地会领袖,清咸丰四年(1854年)在广州起义。起义被镇压后,清政府解散粤剧戏班,禁止演出粤剧。那些粤剧艺人回到各自乡下,并以飘色代替演戏,满足观众的需求。[⑧]但一些学者认为这种说法不可靠。

据王开桃、宋俊华对沙湾飘色的研究,认为沙湾飘色源于员岗跷色。

---

① 据陈英钦著的《汶村古城》记录,当地有十年打醮的习俗,打醮之后是菩萨巡游,此时会出动飘色助兴。

② 《新宁杂志》民国二十四年(1935年)第9期刊登了《洞口酬神摆色之热闹》一文,洞口就是水步的乡村。而据侨刊收藏家许卫豪回忆,在1948年出版的《台山今昔》中介绍,水步洞口村黄姓有飘色表演。此活动在中华人民共和国成立后已消亡。

③ 陈中美在《台山杂记》一书中,引述了1949年出版的《竹林季刊》中的一篇文章《三社摆色酬神巡礼记》,其中写道:"童男着其各色绿衣,或穿长衫,胸缚绉纱礼球;童女则穿红着绿,装束时髦,肩挑花篮,荡漾飘飘。"

④ 赵伯勋:《浮石赵氏诗文存》,1972年,第277页。

⑤ 2023年7月3日对开平沙岗村张伯的访谈。

⑥ 刘华:《龙冈古庙与龙冈团体》,载《江门文史》第二十一辑,1991年,第50页。

⑦ 李文茂(?—1858年),广东鹤山人,粤剧名伶,擅演《芦花荡》的张飞一角。

⑧ 叶春生、李鹏程:《番禺飘色》,哈尔滨:黑龙江人民出版社,2007年,第40页。

他们认为,"学习员岗说"虽然缺少文献记录支撑,但较为可信。沙湾飘色出现于清初顺治年间,是从员岗学习而来,员岗则是崔氏在明末从江西迁入时把这种活动带到了广东。估计这是广东飘色最早的传入时间。[①] 现在当地还有"员岗好跤色,沙湾好飘色""沙湾飘色手上出铁,员岗跤色台上出铁"等民谣,可见两地关系密切,飘色与跤色有渊源。

所谓"色",指的是好看的景色。按叶春生的理解,广东传统民俗中有各种各样的"色":紫坭春色、佛山秋色、市桥水色、麻车火色、饶平马色、潮州灯色。之后,由于"景""色"二字连用,而"色"字又衍生出不同的意思,人们便改用"景"字形容,如龙舟的"趁景"。[②] 但"飘色"的说法则一直沿用。

叶春生认为,抬阁的特点重在"抬",而广东飘色的特点重在"飘"。[③] 北方的抬阁稳重厚实,而广东的飘色则轻巧灵动,注重在高空中显现其飘的特点。特别是人们抬着色柜在弯弯曲曲的村巷中穿行时,色架一颠一颠地前进,色仔们的服饰随着颠动而飘动,远远望去,真有如神仙临凡。

广东飘色伴随着各种各样的民俗活动,如舞龙舞狮、舞麒麟、八音队、各式服饰人员队列,前呼后拥着菩萨出巡,其仪仗威严而热闹,与当地的村落空间、村落文化融为一体。

广东飘色还具有创新的特点,在改革开放后举办的飘色表演,不仅有传统的板色,还因应时代变化,设计出呼应时代的新板色,沙湾飘色就创设了《欢乐神州》《奥运健儿》等主题。[④] 而中山崖口飘色则引入香港造船师傅的焊接技艺,使色梗更加坚固;又有华侨引入荡秋千的原理,

---

① 王开桃、宋俊华:《沙湾飘色》,广州:暨南大学出版社,2011年,第24—26页。
② 叶春生、李鹏程:《番禺飘色》,哈尔滨:黑龙江人民出版社,2007年,第2页。
③ 叶春生、李鹏程:《番禺飘色》,哈尔滨:黑龙江人民出版社,2007年,第2页。
④ 叶春生、李鹏程:《番禺飘色》,哈尔滨:黑龙江人民出版社,2007年,第4页。

侨乡出色
——台山浮石飘色的保护传承研究

行走于乡间的浮石飘色,正中板色为《嫦娥奔月》(台山市艺术馆提供)

使色梗一改只能固定不动的特点。[1]

总而言之,广东飘色既是抬阁表演的重要分支,也是岭南传统民俗的重要组成部分,与其他传统民俗事象一起,共同构成具有独特风貌的岭南村落景象。而浮石飘色又是广东飘色的重要代表,它根植于浮石村这个既具有深厚岭南文化传统,又有华侨作用推动的村落,使它的发展历程披上了一件绚烂多彩的文化外衣,对它的保护传承更具深沉厚重的历史与社会价值。

---

[1] 林凤群:《年年出色——南朗崖口飘色》,广州:广东人民出版社,2012年,第145页。

第三章 浮石发展概况

浮石飘色根植于浮石村，有必要先对该村的发展进行系统的介绍。

一、定居浮石

浮石赵氏可追溯至南宋末年。其一世祖必樘次公从浙江入粤，为少帝护驾。在崖山之战中，与陆秀夫一起跳海殉国。据赵梦蛟在清康熙二十四年（1685年）记述，殉国前，必樘次公将良钤、良骢二子托付给时任琼州知府的林护。林护将二人改名为林大奴、林二奴，迁至新会睦洲[①]隐居。元至元二十年（1283年），林护的长子林桂芳与林大奴（赵良钤）一起起兵复宋，集聚了上万的兵力，建罗平国，失败后牺牲。而林二奴（赵良骢）则一直隐居在睦洲，生子友通。明朝建立后，友通恢复赵姓。友通又生三子，包括长子宗远，次子宗述，三子宗逞。宗远长大后迁居台山浮石，为浮石赵氏的开村始祖，宗逞则迁到新会霞路，是霞路的开村始祖。[②]

赵宗远并非一开始就迁居浮石，中途曾暂居新会十庙村（现赵村），再迁居台山冲蒌，到明洪武十一年（1378年）才定居浮石。浮石之名源于当地的浮山，据说是山石浮于水中而得名。又据村民复述，浮石村牌坊之前，原来也是汪洋一片。可以推想，当时的浮石村是靠山面海的一片坡地。

[①] 西江下游的一个小岛，同属新会，离崖门海战的地点约40千米。

[②] 赵恩普：《浮石志》，浮山月报社，1995年，第76页。

侨乡出色
——台山浮石飘色的保护传承研究

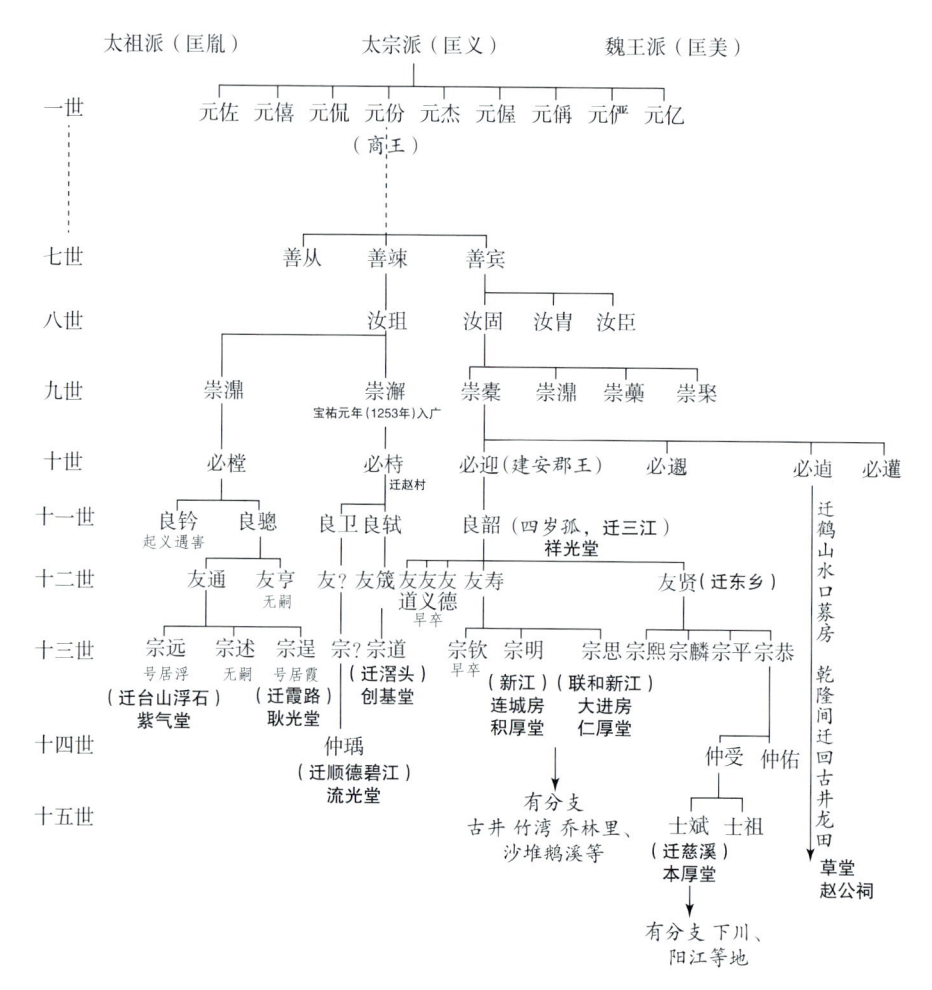

```
                    太祖派（匡胤）        太宗派（匡义）              魏王派（匡美）
一世            元佐  元僖  元侃  元份    元杰  元偓  元偁  元俨  元亿
                                （商王）

七世                              善从  善悚  善宾

八世                                    汝玼    汝固  汝胄  汝臣

九世                          崇濡      崇濒    崇橐  崇灢  崇藁  崇聚
                                    宝祐元年(1253年)入广

十世                          必樘      必栴    必迎（建安郡王）  必遇      必迪  必蓮
                                    迁赵村

十一世              良钤  良聰    良卫 良轼    良韶（四岁孤，迁三江）
                    起义遇害                    祥光堂                        迁鹤山水口寡房
十二世              友通  友亨    友？友筻友寿                  友贤（迁东乡）  乾隆间迁回古井龙田
                        无嗣        道义德
                                    早卒
十三世            宗远 宗？宗逞  宗？宗道  宗钦  宗明      宗思 宗熙 宗麟 宗平 宗恭
                    号居浮 无嗣 号居霞 （迁溋头） 早卒 （新江）（联和新江）
                    （迁台山浮石）（迁霞路）创基堂            连城房  大进房
                    紫气堂      耿光堂                      积厚堂  仁厚堂
十四世                              仲瑀                                        仲受  仲佑       草堂
                                    （迁顺德碧江）                                                赵公祠
                                    流光堂
十五世                                      有分支                        士斌  士祖
                                            古井 竹湾 乔林里、              （迁慈溪）
                                            沙堆鹅溪等                      本厚堂

                                            有分支 下川、
                                            阳江等地
```

新会赵宋皇裔源流示意图（林福杰绘制）①

---

① 在新会古井镇龙田宋亲臣赵公祠中，笔者看到一份更加详细的赵氏宗族分支图，把台山龙溪、田稠（与浮石村相邻，但浮石赵氏并不承认与他们有宗亲关系，浮石赵氏在传统上只与古井霞路有密切的宗亲来往）也列入其中。而在新会三江镇赵璧光编写的《乡迹拾零》中，记述了一段往事，认为三江赵氏与邻的古井赵氏的族谱原来是连不起来的，但在两族有识之士的"努力"下，才使两地赵氏得以拉上关系。而三江、古井霞路两支赵氏对古井龙田赵氏也不甚认同。由此可见，这些散布在新会、台山一带的赵氏，可能都是在南宋末年因为战乱而逃避到此（其中相当部分是来自勤王的皇室）。由于宋代赵姓皇族已繁衍了200多年，其族众非常庞大，逃到新会一带的为数众多，他们因南宋覆灭而隐匿在周边地区，成为当地最早的移民。我们有理由相信，他们都是南宋赵姓皇族之后，但族系分支可能更加复杂。

二、村落发展

初到浮石时,"此方居民原不一姓,其环居浮石山者,不过零星散布,鸡犬相闻而已。前明中叶,赵族始大,爰逮国初迁移之役,别姓遂赋式微,而境土全归赵族矣"①。这些姓氏包括李氏、邝氏、蒙氏等,居住在花山、圆冈、羊坑、蒙社一带。有明一代,浮石赵氏的人口不断繁衍,村落也不断扩大。赵氏在最先定居之地建成积庆里(始祖巷),之后形成祥庆里、永庆里、仁和里,四里统称为上四里,是浮石村的雏形。又以上四里为中心,向东西两翼发展,形成西头、民表、东头等里坊,在东边有"东屏捍卫"闸门,在西边有"西北保障"闸门。由于崖门海水逐渐退去,赵氏在沿海一带开垦了大量沙田,逐渐成为当地的大地主。

到了清初,由于迁海令,浮石赵氏被逼内迁,8年后才回迁,之后的200多年迎来了较为稳定的发展时期。到康熙末年开辟了新的住宅区,成为下四里;在雍正年间,又开辟南平里、下民表;到乾隆年间,十四世祖赵季锡举家迁至村的东南侧另开新里坊,称为隆平里;咸丰年间,梅轩祖子孙又在大村②的西南侧另建大墩村;同治年间,林居祖子孙在大村的西北侧建灶背村。至此,整个浮石村大致建成。

在大村之外的东北侧,还有诸护村、狗髀岭村,两村大部分为杂姓,多是赵氏的下户(当地称细仔)③,也有部分是从大村迁去的赵氏族人。

现时,浮石村分成十个坊,对照旧有里坊,如下:

一坊(西头):温和里、均安里、承惠里

---

① 〔清〕赵天锡:《浮石赵氏族谱·乡境记》,光绪二十九年(1903年)版,赵宪冲藏本。
② 以上建成的里坊都集聚在一起,当地人习惯称为"大村",以区别远离大村的大墩、灶背、诸护。
③ 下户或细仔是指赵氏雇用的世代奴仆。对此,龚佩华有深入的研究。他在《广东台山浮石赵氏宗族家族制度试析》载〔《中山大学学报》(社会科学版)1997年第4期〕一文中指出,当地下户的主要工作,一是为主人家服劳役,二是每逢初一、十五为祠堂点灯,三是打扫街道卫生,四是替主人充当壮丁。其身份低下,世代为主人奴仆。

二坊（村心）：上四里（积庆里、祥庆里、永庆里、仁和里）

　　　　　　下四里

　　　　　　塘仔角

三坊（民表）：曲尺巷、民表大巷、仁让里、麒麟巷、和宁里、下民表

四坊（东头坊和管岭坊）：东淳和里、凤翔里、程光里、钟屋巷、寺田

五坊：隆平里

六坊：上南平里

七坊：下南平里

八坊（大墩坊、鹅仔墩）：仁兴里、和兴里

九坊（灶背坊）：居仁里

十坊：诸护村、狗髀岭村

三、浮石乡境及尝田

据《浮石赵氏族谱》记载：

乡境方十余里……东至花山冈，与田稠分界；南至第三围，与田稠分界；西至晒谷荫，与西栅分界；北至圆冈右，与西栅分界；东南至横江山边，与横江分界；西南至霞荫海，与上阁分界；东北至百峰大山；西北至百峰大山。①

浮石村不仅拥有周边的大片农田，还有背后百峰山脉的大片林地，是当地的大村。至民国二十四年（1935年），台山政府对浮石村的农田数目做了一次较严谨的统计：

每亩价值七元者，有二千五百亩；值十二元者，有四万七千七百亩；

---

① 〔清〕赵天锡：《浮石赵氏族谱·界址》，光绪二十九年（1903年）版，赵宪冲藏本。

第三章　浮石发展概况

值二十五元者,有六万二千一百亩;价值四十五元者,有八千九百四十亩;值六十元者,有二万六千零九十亩;值七十元者,计有七千五百九十亩。①

按照当时的记录,浮石在本村与外地拥有的田地共计154920亩。另据《浮石志》记录,截至1991年,该村只有农田7343亩。②两个数字之所以相差如此大,除了本村的一些田地分给邻近村之外,浮石赵氏还有大量在外地的田地,此时也都不再属于他们了。两个数字相比,可见当时浮石赵氏的富有程度。不过,即使到现在,7343亩农田在当地也是巨大的。与之相比,邻近的唐美村只有2224亩农田。③

浮石村全貌(台山市艺术馆提供)

① 知了:《本乡田亩评价完竣》,《浮山月报》第一卷第1期,民国二十四年(1935年)8月,第30页,台山档案馆藏本。
② 赵恩普:《浮石志》,浮山月报社,1995年,第23页。
③ 《唐美村志》编纂领导小组:《唐美村志》,2006年,第59页。

39

这些农田除了本村人耕种外，还会租赁给当地人耕种，定期收租，由此也曾引起一些纠纷。如邻近唐美村的虎山属浮石赵氏产业，以较低价格租给当地李姓，但当地人意欲据为己有，经赵氏两次申诉才得直。[1] 又有潮居都镇口大茄围[2]，也属本村人所有，因此处所产鱼虾丰富，被当地人强捉，事主将此事报告县政府，由县政府发布保护公告。[3] 又如都斛的赵家围是连峰祖的产业，与麦姓围相邻，麦姓欲挖泥侵占，连峰祖发动120人前往将所挖的土基锄去，之后将麦姓告到县政府。[4] 在中华人民共和国成立之初，浮石派人去广海南湾收租，经过一番交涉后顺利收取。[5] 不过，整体来说，在《浮山月报》中有关收租的新闻并不多，本书估计收租应该是日常工作，被当地人视为理所当然的事情，自然不必报道，只有在拒租的情况下，才能成为新闻。相比起如此庞大的农田产业，发生纠纷的比例仍然较低。通过这些例子可以看出，浮石赵氏宗族是不折不扣的大地主。

四、赵氏宗族及公房

浮石赵氏自四世赵宗远定居浮石至今。按清光绪二十九年（1903年）版《浮石赵氏族谱》记录，其时的浮石赵氏已发展成有24个公房的地方大族。其公房分支主要源于五世的朝里祖房和燕楼祖房，同为五世的案田公房则人丁较少，后人把朝里、案田、燕楼称为"五世三祖"。朝里祖房衍生的公房包括六世的玉轩公房，七世的石庄公房、云峰公房、

---

[1] 知了：《虎山税地纠纷详情》，《浮石青年》第9期，民国二十三年（1934年）7月，第38页，许卫豪藏本。
[2] 围：围占江湖淤滩造的田。
[3] 佚名：《县府布告保护镇口大茄围》，《浮石青年》第7期，民国二十二年（1933年）11月，第34—35页，许卫豪藏本。
[4] 佚名：《连峰祖因争赵家围涉讼》，《浮山月报》第二卷第7期，民国二十六年（1937年）2月，第48页，许卫豪藏本。
[5] 佚名：《广海南湾本年地租经派代表前往办理》，《浮山月报》第69期，1950年8月，第16页，林丹彤藏本。

平庄公房、林居公房、月湾公房，八世的北津公房、南津公房。燕楼祖房衍生的公房包括七世的石峰公房、乐天公房、处直公房，九世的民育公房、平水公房、活水公房、湛水公房，十世的象升公房、象屏公房、恒伯公房，十一世的几楼公房、振南公房、瑞田公房、竹琴公房、簏琴公房。

民国十五年（1926年）修订乡自治法时，设族正21人，各房额选中，整个朝里祖房只占了5人，其余的16人均出自燕楼祖房，案田公房一个也没有。① 这种布局显示了各祖房、公房之间的发展极不平衡。

民国三十七年（1948年）办的最后一届打醮数据显示，公房数增加到36个（平庄公房他迁而没有参加，故实际有35公房参加此次打醮），较大的公房为林居公房（530男丁）、予楚公房（695男丁）、秉初公房（750男丁）、南津公房（662男丁），其中两个是新增加的公房。而一些血缘相近的旧公房因人数较少，又合在一起统计，如石庄、云峰（125人），活水、湛水（72人）。36公房合计8561个男丁。②

1966年修的族谱仍然按24公房排序，估计原因主要是修谱者在香港，对家乡了解不够，而此时家乡的宗族活动已全部停止，续修者只能按上一次修谱时的格局编排。

2003年续修的《浮石赵氏族谱》显示，经过分合，又形成了34公房的格局。原来的案田公房分为奇峰公房、石泉公房，撰先、扬先、抡先、擢先几个公房则合为以佩公房。③

从24公房到36公房，再到34公房，通过这个变化可以看出，浮石赵氏宗族一直都有较强的内生动力，因应时代的变化而不断发展。

---

① 赵宗坛：《浮石乡自治法》，民国十五年（1926年），台城文雅图书印务，台山市博物馆藏本。
② 赵恩普：《浮石志》，浮山月报社，1995年，第95页。
③ 赵恩普：《浮石赵氏族谱》，2003年，第67页。

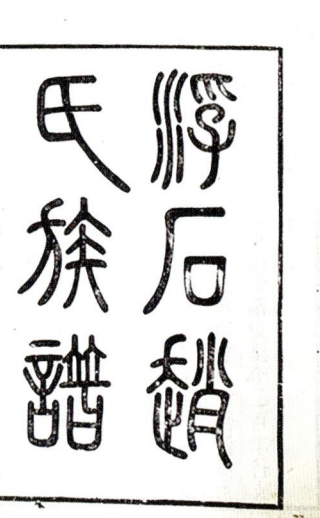

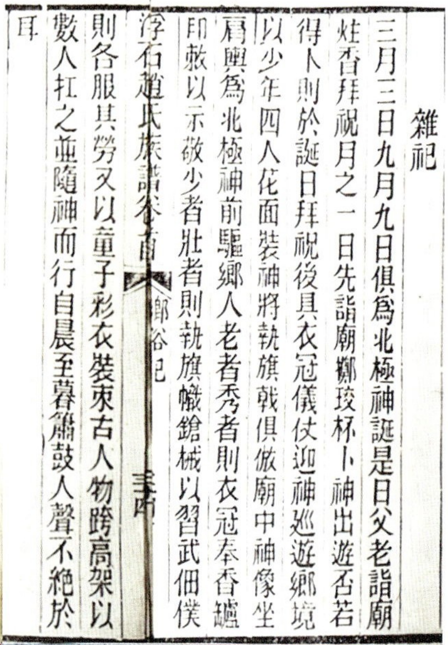

左上图为清光绪二十九年（1903年）版《浮石赵氏族谱》；右上图为该版族谱中有关北帝诞、飘色的文字内容；左下图为1966年版《浮石赵氏族谱》；右下图为2003年版《浮石赵氏族谱》

在《浮石志》中罗列的祖祠共有 64 座，从四世到十七世，也就是说从建村到民国初年，建祠的行动一直持续。其中较为集中的有十三世 10 座，七世、九世、十四世各 7 座。①

五、出洋谋生

在清咸丰年间的土客械斗②中，浮石赵氏受到客家武装的冲击。在事件平息之后，清政府为安抚客家族群，又将赤溪、田头从台山划出成立赤溪厅，并要求将当地的良田与客家人开垦的田地互换。据《浮石赵氏族谱》记载："于本乡割田头、赤溪等田地以与客民，而以客民旧垦之大隆洞那扶小旗山诸田地给与土民，互相抵换，委官吏清丈本乡失去诸田，皆为沃土，其给换皆为瘠土，加以官吏颠倒索勒，致有弃业不取者，今昔贫富由是改观。"③由于失去大片良田，浮石赵氏的财政实力被大大削弱，特别是一些中下农，其境况大不如前。这种状况迫使他们向外迁移，而主要的目的地则是外洋。

早在 18 世纪末至 19 世纪初，浮石已有村民出洋谋生。据归国华侨赵启亨回忆，清嘉庆六年（1801 年），浮石已有 30 人去南洋当苦力。④又据赵修廷回忆，他的父亲赵兆湘在清道光二十五年（1845 年）到美国旧金山谋生。⑤在土客械斗之后，台山大批无业游民被逼出国谋生，浮石又有不少村民远走他乡。到清光绪二十三年（1897 年），当地出国华侨已达 1315 人，主要分布在美洲和南洋。

---

① 赵恩普：《浮石志》，浮山月报社，1995 年，第 88 页。
② 由于大量的客家族群迁入珠江三角洲，使作为土人的广府族群与客家族群产生了难以弥合的矛盾，并于清咸丰年间（1851—1861 年）在鹤山爆发土客械斗，此后波及 17 个县，超百万人为此丧生。
③ 〔清〕赵天锡：《浮石赵氏族谱·入广居睦洲三世录》，光绪二十九年（1903 年）版，赵宪冲藏本。
④ 赵恩普：《浮石志》，浮山月报社，1995 年，第 177 页。
⑤ 赵恩普：《浮石志》，浮山月报社，1995 年，第 177 页。

侨乡出色
——台山浮石飘色的保护传承研究

赵梅初曾写过一首诗寄给在海外的三弟：

> 抛别桑榆可奈何，光阴转眼十余春。
> 山河远隔难通鲤，岁月如流不候人。
> 每睹雁行思骨肉，休将马齿长风尘。
> 年来瘦骨崚赠甚，怅望鸰原自苦辛。①

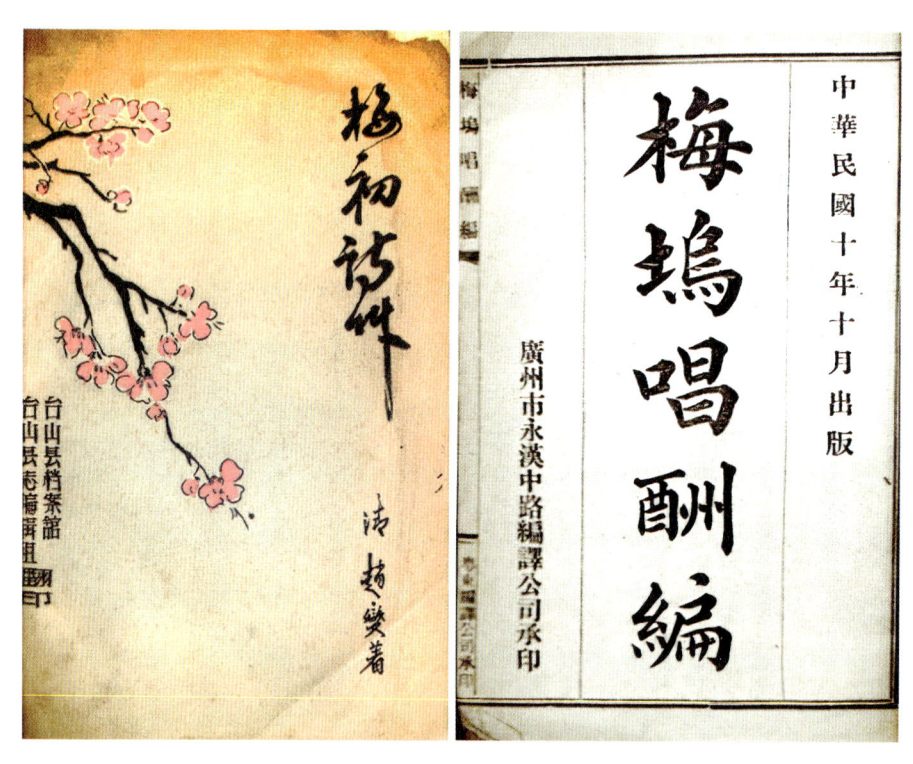

左图为由台山县档案馆重印的《梅初诗草》；右图为赵沅芬在民国十年（1921年）出版的《梅坞唱酬编》，由于他在所办的台山劝学所前的梅坞设置春茗，被友人谭秋平雅称为"梅坞先生"，诗集是他和朋友唱酬诗的结集（赵崇煦翻拍于中山图书馆）

---

① 〔清〕赵梅初：《寄海外三弟》，载《浮石赵氏诗文存》，1972年，第147页。

赵梅初的生卒年不详，只知道他是象屏公房二十世孙，清道光年（1821—1850年）庠生，而此诗在《浮石赵氏诗文存》中排在编《浮石十景诗话》（1855年）的赵兰舟和编纂《浮石赵氏族谱》（1903年）的赵天锡的作品之前，推算他的生活年代应在19世纪中叶，而诗中说三弟去海外有"十余春"，其三弟应在1840年前后出洋谋生。因此，此诗也可以作为浮石人较早出洋的佐证。

在民国时期，当地又掀起了新的出国潮，民国九年（1920年）华侨人数已增至1890人。[①]据现时收集的《浮山月报》的人事调查栏目记录显示[②]，出国与回国人数如下：

民国二十五年（1936年）6月：出国5人，回国8人

民国二十五年（1936年）7月：出国11人，回国2人

民国二十五年（1936年）8月：出国4人，回国1人

民国二十五年（1936年）9月：出国5人，回国3人

民国二十五年（1936年）10月：出国1人，回国2人

民国二十五年（1936年）11月、12月：出国10人，回国2人

民国二十六年（1937年）1月：出国2人，回国5人

民国二十六年（1937年）2月：出国7人，回国12人

民国二十六年（1937年）3月：出国11人，回国0人

民国二十六年（1937年）4月、5月：出国8人，回国10人

民国二十七年（1938年）6月：出国9人，回国2人

民国二十七年（1938年）7月：出国1人，回国1人

民国二十九年（1940年）3月：出国3人，回国1人

民国二十九年（1940年）5月：出国1人，回国10人

---

① 赵恩普：《浮石志》，浮山月报社，1995年，第177页。

② 在收集到的杂志中，有些没有统计。

民国二十九年（1940年）7月：出国2人，回国6人

民国二十九年（1940年）8月：出国3人，回国3人

民国二十九年（1940年）9月：出国4人，回国5人

民国三十五年（1946年）7月：出国15人，回国1人

民国三十六年（1947年）10月：出国4人，回国8人

民国三十六年（1947年）11月：出国1人，回国19人

民国三十六年（1947年）12月：出国4人，回国8人

民国三十七年（1948年）7月：出国9人，回国6人

民国三十七年（1948年）9月：出国4人，回国2人

民国三十七年（1948年）10月：出国2人，回国5人

民国三十八年（1949年）2月：出国7人，回国3人

民国三十八年（1949年）5月：出国7人，回国3人

民国三十八年（1949年）6月：出国1人，回国1人

民国三十八年（1949年）7月：出国4人，回国0人

民国三十八年（1949年）8月：出国8人，回国1人

1949年10月：出国8人，回国1人

合计：出国161人，回国131人

通过这个不完全统计可以看到，浮石村每个月都有乡亲出国、回国，对外交往较为频繁，而出国人数比回国人数稍多。

六、华侨对浮石的影响

由于本乡的田产减少，而海外的华侨寄回的侨汇日益增多，从19世纪末开始，浮石村民逐渐形成了依靠侨汇维生的状况。赵天锡在清光绪二十九年（1903年）编的《浮石赵氏族谱》中记录：

第三章 浮石发展概况

前时境内田畴平治，粮食不俟外求，田产寄外乡者，佃人输租络绎于路。近年客匪乱后，外产丧其大半，迨洋务大开，澳美洲暨南洋诸岛，壮丁千余，家中事畜之资，仰给于外，岁入虽数万金，而籴洋米，购物用诸费，所出亦复相准，而田野遂不可问矣。①

民国二十九年（1940年），其时正值抗日战争，百业凋敝，有三则关于生计的消息：

（1）近来物价高涨，民众生活，异常痛苦，一般贫苦农民多无法维持生活，故有以抬轿为副业者，亦有弃耕而抬轿者，人数突增，统计全乡百人左右，闻抬轿收入相当可观，可以维持生活，前都斛船只畅通，有日收入六七元至十元者，现则较为减少云。②

（2）近因物价飞涨，一般民众多无法维持生活，且本乡物产不能自给，更属困难，为补救计，一般乡民乃□种杂粮，多开荒地，即种瓜菜者亦……③

（3）抗战以来，民众为减少消耗，对过年形式，已大不如前之铺张，本年因受物价高涨之影响，一般民众更为节俭，故新年情况，自较前冷落，即如贴门神红纸一项，前则新年时节，满街满巷通红，本年因红纸每张贵至六七角之间，家家户户只贴横楣及红钱而已，甚少贴大对及门神者。又如挂灯笼，前则一连数天，自黄昏燃亮至晨早，彻夜悬挂门前，本年因煤油甚贵，甚少悬挂，即有，亦有挂一刻即收回家中，至如放炮竹，前在新春期间，无论大人小孩，多以此取乐，今则响声稀稀，盖亦以价贵影响也。而炮竹亦因为原料缺乏，少有如前之响亮也，小孩亦甚少玩之。故本年过

---

① 〔清〕赵天锡：《浮石赵氏族谱·习俗》，光绪二十九年（1903年）版，赵宪冲藏本。
② 佚名：《本乡抬轿人数突增》，《浮山月报》第四卷4/5期，民国二十九年（1940年）6月，第16页，台山档案馆藏本。
③ 佚名：《本年种瓜人数增加》，《浮山月报》第四卷4/5期，民国二十九年（1940年）6月，第16页，台山档案馆藏本。

侨乡出色
——台山浮石飘色的保护传承研究

年,直是无若何特殊与平日不同者,只有满街满巷之"新年博",为新年之一大特色,真是大有随处皆赌之势,空场、树林、住屋、巷头、街尾都成群聚集赌博取乐,而因侨汇加多,及赌风炽盛,过年食物,菜肴等物品,销售反又不差,据估计,年廿九,市上宰猪数十,亦为本年过年一大特色,宰猪数目,虽未经统计,据估计市上应市,及人家猪肉会所宰,全村约五十只,此种情形,亦为年来所仅见。①

这三则消息透露了几个信息:一是有相当部分村民不再从事农业生产,而是转为第三产业;二是都斛为出洋的渡口,这些人力轿就是当时接送华侨的交通工具;三是当地的粮食产量不能满足人口需求,在进口物资难以补给的情况下,只有以杂粮替代;四是由于侨汇的支撑,当地人的饮食尚不受影响。由此可以部分印证《族谱》中所言"仰给于外"。

与第一则消息形成对比的是,在民国三十八年(1949年),同样是因为百业凋敝,乡民"为求糊口之计,乃纷纷购置单车②驾踏乘载客商而谋生活"③,当时乡中的单车达到四十余辆④。经过9年时间,浮石村的交通工具由人力轿发展为单车,而且是自行购置作为谋生工具,可见当时的浮石村在华侨的滋养下,生活水平不断提高,并走在了当时中国的前列。

大量人口出洋,也为乡村带来新气象。在广大华侨的大力资助下,浮石村的文化公益事业有了长足发展。1902年,在海外华侨资助修建的

---

① 佚名:《抗战期间新春动态种种》,《浮山月报》第四卷第1期,民国二十九年(1940年)3月,第18—19页,台山档案馆藏本。
② 粤语,自行车。
③ 佚名:《百业冷淡生活维艰 乡民踏车乘客日多》,《浮山月报》第64期,民国三十八年(1949年)8月,第17页,《近代华侨报刊大系》第六五册,第504页。
④ 佚名:《单车登记办竣》,《浮山月报》第64期,民国三十八年(1949年)8月,第17页,《近代华侨报刊大系》第六五册,第504页。

恩义祠中创立浮石学堂；1919年，成立华利磨学会，致力推广排球运动，成为当地有名的排球劲旅；1932年，重修凌云阁，建小兰亭，形成了华侨园林的雏形；1935年创办《浮山月报》，成立琳琅剧社；各坊还建起了自己的阅报处，提供各种书籍刊物供阅读。

七、浮石飘色起源

据《浮石志》记载，浮石飘色始于清光绪十四年（1888年），主要依据是《浮石志》在编辑时参考的族谱、家谱中，发现最早提到飘色的是赵士宪家藏的家谱（象升公房分支），该谱抄写于清光绪十五年（1889年）。但这一手稿已无从查找。现时能够看到的最早文字记录是1903年赵天锡编写的《浮石赵氏族谱》，该书中的《习俗》一节对飘色有较为详细的描写：

三月三日、九月九日，俱为北极神诞……于诞日拜祝，后具衣冠仪仗迎神巡游乡境……以童子彩衣装束古人物，跨高架，以数人扛之，并随神而行，自晨至暮，箫鼓人声不绝于耳。①

文中所说的"以童子彩衣装束古人物""跨高架""以数人扛之"，都符合飘色的主要特征，应该就是指飘色。

但对于这种说法，不少族人并不认可，认为这仅是文字上最早的记录时间，并不代表飘色在此时才出现。但具体出于何时，则无法找到根据。赵尚贤在《浮山飘色始何时》诗中说："想问前贤人不在，欲寻旧谱史无书。"②到了2012年，包括《浮石志》主编赵恩普在内的几位乡中耆老撰写的《关于"浮石飘色创始人是谁？"的答案》这一文章认为：

---

① 〔清〕赵天锡：《浮石赵氏族谱·杂记》，光绪二十九年（1903年）版，赵宪冲藏本。
② 赵尚贤：《浮山飘色始何时》，《浮山月报》第79期，1984年12月，第66页，浮山月报社藏本。

侨乡出色
——台山浮石飘色的保护传承研究

据故老相传，赵季锡[①]，出生于清康熙三十四年（1695年），是一位多才多艺的传奇式人物。他好博览群书，爱钻研技艺，著述甚丰。清乾隆六年（1741年）上京廷试时，在北方各地游览，观看过北方民间艺术演出。他热心乡族事务，廷试返乡后，就与乡中爷老一起筹建北极殿、凌云阁、文阁等庙宇，亲自进行选址与设计。在北极殿建成、北帝神像登座开光时，季锡公将刚创制好的飘色，为北帝开光庆典助庆。[②]

按后文的说法，该村的北极殿始建于清乾隆年间（1736—1795年），飘色也由赵季锡仿效中原的样式创制，并成为北帝巡游的助庆节目。

正如本书第二章所述，明清两代的中原地区抬阁表演已非常普遍，赵季锡作为贡生，有资格入读京城的国子监，就有机会长期留在京城观摩当地的风土人情，因此而有闲情观赏当地的抬阁表演，并悟得其中巧妙，也算情理之中。而在清乾隆年间随着北极殿的落成及北帝巡游活动的开展而创制飘色，也是有可能的。但是，北极殿曾在1881年重修完成，扩大了原有的规模，而最早的记录又恰在几年后编写的家谱中出现，不妨大胆推测，当地人在重修扩建北极殿后，为了增强北极殿及北帝巡游的影响，而仿效创制飘色，这种可能性也是存在的。

但不管浮石飘色是始创于清乾隆年间，还是清光绪年间，都不能减损这一民俗事象的魅力与价值。在此，本书不对其起源时间下定论，留待有新的证据出现再作判断。

[①] 赵季锡，是象屏公房十四世孙，清乾隆六年（1741年）拔贡，精通阴阳风水之术，著有《八门精义》。
[②] 赵恩普、赵秉麟、赵德富、赵崇煦：《关于"浮石飘色创始人是谁？"的答案》，《浮山月报》第184期，2012年3月，第24页，浮山月报社藏本。

工作人员为色仔整妆,图中板色为《吕布与貂蝉》,现时飘色队认为吕布的品德不佳,已不再出动这一板色(台山市艺术馆提供)

八、关于"飘色"称谓的讨论

另外,"飘色"一词在浮石村的文献中出现得很迟。赵天锡(1855—1905年)《溽城醮词》写广海的醮会,有句云:"十字街头火万枝,登场傀儡好威仪。"① 此"傀儡"有可能就是飘色,如果是这样的话,当时的浮石人就称呼飘色为"傀儡"。他在1903年编纂的《浮石赵氏族谱》中则称为"高架"。1926年由赵宗坛等修订的《浮石乡自治法》中则表述为"春色":

每年三月三日、九月九日北帝圣诞之期,是月之初一日,杯卜巡游,如卜准巡游,是日乡人为北帝备仪仗,装神将、办古装男女春色戏,扛巡游乡市一周。乡中团勇整饬武备巡行。盖一以循乡人傩之俗礼,一以寓春秋讲武之遗意焉。②

开平龙冈公所的负责人刘华回忆该所的祭祀活动,提到会有"担架秋色",③ 可能是前面两种说法的综合。

但据省级代表性传承人赵汝潜(1944年生人)介绍,当地一直都称呼为摆色。④ 与此可作印证的是台山当地《新宁杂志》民国二十四年(1935年)第9期刊登的《洞口酬神摆色之热闹》⑤《竹林季刊》1949年刊登的《三社摆色酬神巡礼记》。⑥ 本书估计,有可能是在20世纪30年代、40年代之后,当地称为"摆色"。不过,"摆色"不仅是飘色,还

---

① 赵伯勋:《浮石赵氏诗文存》,1972年,第277页。
② 赵宗坛:《浮石乡自治法》,民国十五年(1926年),台城文雅图书印务,台山市博物馆藏本。
③ 刘华:《龙冈古庙与龙冈团体》,《江门文史》第二十一辑,1991年,第50页。
④ 2023年9月30日对赵汝潜的访谈。
⑤ 佚名:《洞口酬神摆色之热闹》,《新宁杂志》民国二十四年(1935年)第9期,第28页,《近代华侨报刊大系》第一〇册,第156页。
⑥ 陈中美:《台山杂记》,台山华侨书社,1986年,第57页。

包括"地色",就是在地面上行走的主题性彩衣队列。《三社摆色酬神巡礼记》中写道:"壮丁穿上新衣,束以虎头牌腰带,高举旗旗,招展空际……童男着其各色绿衣,或穿长衫,胸缚绉纱礼球;童女则穿红着绿,装束时髦,肩挑花篮,荡漾飘飘。更有妙龄少女……胸悬仙鹤,展翅欲飞,宛如驾鹤云游……"在这段描写中,壮丁、少女的队列有可能就是地色。浮石在改革开放后所办的巡游中,也有地色展示,主要是八仙造型,但高架童子的样式更为突出。直到改革开放后,"飘色"一词广为流传,作为对这一活动的总称,而民间仍有"摆色"说法,并作为动宾语义使用。

第四章
支柱之一⋯浮石趙氏宗族

本书认为，飘色之所以在浮石扎根、开花，是因为有一片适合它生长的土壤，而这片土壤归纳起来，就是三根支柱，包括赵氏宗族、民间信仰、村落组织。下面就用三章的篇幅分别介绍这三根支柱对飘色的作用，然后再对比江门五邑其他有代表性的民俗事象，探讨这些民俗事象不及飘色那样适合浮石赵氏的原因，再分析三根支柱与飘色之间的互动。

　　这一章首先论述浮石赵氏宗族对飘色的支持作用。本书认为，宗族的生存发展是几乎所有传统民俗事象出现与传承发展的最重要动因，只有抓住了这把钥匙，才可能破解其中的密码。沿着这样的思路，本章通过梳理赵氏宗族的发展历史，指出在发展中出现的困难及应对措施，从中归纳赵氏宗族的性格特点，从其特点中找到该宗族与飘色的结合点与切入点。

一、浮石生存自然环境的影响及赵氏的应对

（一）沙田开发为浮石赵氏提供雄厚的经济基础

　　据考证，珠江三角洲在六七千年前，仍然是一个深入内陆达150千米的河口湾[①]，在宋代以前，这一带的陆地还是较为低洼，常常"波涛溢

[①] 赵焕庭：《珠江河口演变》，北京：海洋出版社，1990年，第93页。

侨乡出色
——台山浮石飘色的保护传承研究

岸，淹没人庐舍，荡失苗稼，沉溺舟船"[1]。宋代以后，此区域的成陆速度明显加快，为人口的增长提供了条件。因此，明清两代的珠江三角洲区域出现了很多豪强大族，如番禺沙湾何氏在清乾隆年间有族田31676亩，顺德北门罗氏在万历年间有祭田几万亩[2]，同为赵宋后裔的新会三江赵氏，通过婚姻，将授予开垦权作为赵姓女儿的嫁妆[3]。

浮石赵氏也存在这样的情况，曾经拥有浮石、赤溪、田头、都斛，以及广海的大片沙田，仅是本村的农田就有7000多亩，1935年有农田154920亩。

有了大量沙田作为经济基础，浮石赵氏又在广州、江门等地广积房产。如广州的高坡祠、平所书院、克复书院都是浮石赵氏的房产。平所书院有20多间房，克复书院有10多间。平所书院的奎楼灰塑瓦脊，绿琉璃瓦剪边，瓦檐下有小窗，窗下镶嵌着一小石额，上刻"文阁"二字，是大小马站书院群中最华美的建筑之一。[4]这三块地产每年由本族乡亲投充，获得管理权，再出租获利。据《浮山月报》记录，1936年由赵心胖以150余元投得高坡祠附屋的管理权[5]，由赵雄驹以1400余元（起价900元）投得克复书院附屋的管理权[6]，1949年由赵希诚以千余石谷投得平所书院的管理权。[7]浮石赵氏又与霞路赵氏一起在新会中心区域的

---

[1]〔唐〕刘恂：《岭表录异》，广州：广东人民出版社，1983年，第4页。

[2] 冯江：《明清广州府的开垦、聚族而居与宗族祠堂的衍变研究》，华南理工大学博士学位论文，2010年。

[3]〔英〕科大卫：《宗族是一种文化创造——以珠江三角洲为例》，载《明清社会和礼仪》，北京：北京师范大学出版社，2016年，第165页。

[4] 黄泳添、陈明：《广州越秀古书院》，广州：广东人民出版社，2006年，第100页。

[5] 佚名：《投充高坡祠附屋》，《浮山月报》第二卷第1期，民国二十五年（1936年）8月，第12页，国家图书馆藏本。

[6] 运：《投充克复书院附屋》，《浮山月报》第一卷第8期，民国二十五年（1936年）3月，第23页，台山档案馆藏本。

[7] 佚名：《裕德堂再投平所书院 仍由希诚君获得》，《浮山月报》第59期，民国三十八年（1949年）2月，第16页，《近代华侨报刊大系》第六五册，第348页。

| 第四章 支柱之一：浮石赵氏宗族 |

左上图为平所书院前石道，平所书院位于广州越秀区大马站北端79号，2002年因修建地铁而拆毁（翻拍自《广州越秀古书院概观》）；左下图为平所书院的奎楼（翻拍自《广州越秀古书院概观》）；右图为浮石村的平所赵公祠（宋旭民拍摄于2023年9月26日）

金紫街[①]购置地产建上柱国赵公祠，并购置天生围双造田135亩余、恒丰围30亩余，每年除纳粮外，将所有收益积存，用于祭祖之用。[②]

---

① 该路起于知政北路，止于朱紫路，是人口稠密的商业住宅区街道。据记载，宋代马持国及其子孙三世皆当太守，他获朝廷赐"金紫大夫"荣耀，建一座金紫坊（牌坊）于会城古冈山下的马家塘基家宅前，是金紫街名称的由来。

② 佚名：《坚持在毛泽东旗帜下前进》，《浮山月报》第70期，1950年10月，第3页，林丹彤藏本。

59

侨乡出色
——台山浮石飘色的保护传承研究

另外，当地靠近海边，河流常有海水倒灌，当地人利用这一特点"盐田汲水，砌灶煮盐，晒盐贮积"，以此获利，当地至今有"灶背""晒盐槽""盐田"等地名。[1]当地人还开起盐店，在沿海各地组织货源，把门店开到江门五邑、阳江各处，盐店则全部雇用本族子弟，形成了一定的商业势力。[2]这一业务也为当地带来丰厚的收入。

有了雄厚的财力，就为浮石赵氏的发展提供了坚实的基础，包括村落的扩张、人口的繁衍、活动的举办、文化的形成等，都较邻近乡村强。

（二）地理位置优越为浮石赵氏提供了较为安逸的生存环境

应该说，浮石村远离珠江三角洲核心地带，又远离匪类如麻的昆仑山脉[3]，虽背靠同样匪类如麻的百峰山脉，但并非土匪攻击的重点地带，

位于浮石大村西北角的碉楼，上书"雄镇西北"。该村另有东营楼、隆平楼两座碉楼，分别把守在大村的东、南方向（宋旭民拍摄于2023年9月26日）

[1] 赵昌贤：《灶背》，《浮山月报》第84期，1986年9月，第51页，浮山月报社藏本。
[2] 赵炳炎：《师恩难忘》，《浮山月报》第87期，1987年10月，第107页，浮山月报社藏本。
[3] 在鹤山境内，在明末清初因盗贼众多，威胁到珠江三角洲的安宁，而从新会、开平析地建县，县治鹤城就扼守于昆仑山脉的唯一通道彩虹古道。

60

所处的区域相对平静。再加上村落形成"山—村—水—田"共生的机理,村民建设多处碉楼、门楼、护村墙等建筑物,以及借助护村河等自然优势来抵御匪患①,有效地把整个大村保卫起来,又有东北、西南的三个里坊与大村形成掎角之势,更使村庄的安全得到了较好的保证。村内的曲尺巷设计,使巷头巷尾相通而不相望,也有防御的功能,再加上巷尾建有门闸,增强了防御的效果。

不过,浮石村历史上也有过社贼之乱、土客械斗、红巾之乱,但受到的影响不算大。在受到影响最大的土客械斗中,《浮石赵氏族谱》有这样的记录:

同治五年六月初一日,客贼破乡。时守御既久,人心懈惰,贼乘夜入乡,伏后山树林中,拟到五更,即肆焚掠。乡之后有大坑营者,乡更夫驻此以保耕者也。是时鸣柝失时,四更未终,天已大明,贼为所误,遂仓促而起。乡人知天明则援勇必至,因与之巷战。贼自东头至民表坊,遂败奔而去。抵新屋村过滘,水深又值涨潮,溺毙无数。乡人复搜于屋中,得数贼,杀之,群食其肉,须臾立尽。是日焚屋数间,男女死三十三人。②

此役浮石虽然遭受了一定损失,但与周边那些被灭村的村落相比,其损失程度还是较小的。

另外,与族斗频繁的一些地方相比,浮石村算是处于较为和平的环境之中。如新会山咀陈姓与罗坑林姓在1914年发生械斗,双方持续数月之久,致使双方房屋焚毁一万多间,受害者万人以上,一度还在会城引起了难民潮。③江门第发里尹姓原来不习武,在与外村争夺资源中落下

---

① 斗山镇人民政府:《中国历史文化名村台山市斗山镇浮石村历史文化名村保护规划》,2023年,第6页。
② 〔清〕赵天锡:《浮石赵氏族谱·前事记》,光绪二十九年(1903年)版,赵宪冲藏本。
③ 陈若金:《陈、林两械斗的经过》,《新会文史》第一辑,1963年,第16—20页。

侨乡出色
——台山浮石飘色的保护传承研究

风，为此向同宗的木朗村学洪家拳。经过学习提高了战斗力，在达至力量平衡后，与邻村的械斗才大为减少。① 浮石赵姓虽然也与西栅等村有乡界的矛盾，纠纷几近械斗，幸而得到包括海外华侨、《浮山月报》在内的各方调解才平息。② 与横江的土地纷争则通过向政府申诉得直。③ 可见，浮石村与周边乡村的关系相对较为和睦。

正是由于处于相对和平的生活环境之中，浮石赵氏族人的生活也显得较为安逸，不必花太多的财力与精力进行武备。浮石设置的武装力量称为更练，分为内营、外营。在清光绪年间，仅设内营、外营各13人；在民国十三年（1924年），将内营更练改编为训练团军，设60人，外营更练12名，另设特别队，每坊20名。之后又进行了缩编。④ 也就是说，在超万人的村落中，最高峰时只有200多人的武装队伍，而在更长的时期则只有20多人。这些队伍的主要职责之一是看更，其次是看守薯芋，最后才是防护全村的安全。可见，当地生存环境相对和平，再加上村落的地形较为有利，不需要配备过多的武装人员。

当一个地方相对和平，不需要花过多精力用于防卫，其精力就可用于文化生活方面，这也是浮石孕育了多样传统民俗的基础之一。

（三）浮石山水培养了浮石赵氏的审美情趣

浮石村背靠的浮山是百峰山余脉，百峰山横贯新会、台山两县，在台山叫百峰山，在新会叫古兜山，是珠江三角洲少有的雄伟山脉。如此

---

① 宋旭民：《文化空间中蔡李佛拳的传承发展研究》，北京：中国华侨出版社，2021年，第24页。
② 佚名：《乡界纠纷案 旅加乡侨函县长制止械斗》，《浮山月报》第55期，民国三十七年（1948年）11月，第13页，台山档案馆藏本；佚名：《乡间人语》，《浮山月报》第55期，民国三十七年（1948年）11月，第27页，台山档案馆藏本；赵启良：《浮山月报迁穗继续出版概况》，《浮山月报》第87期，1987年10月，第85页，浮山月报社藏本。
③ 佚名：《本乡界又与横江发生争执》，《浮山月报》第60期，民国三十八年（1949年）3、4月合刊，第21页，台山档案馆藏本。
④ 赵恩普：《浮石志》，浮山月报社，1995年，第202页。

第四章 支柱之一：浮石赵氏宗族

雄奇的山景为浮石赵氏提供了不可多得的美景，在旧浮石十景中就有龙岩石室①、响潭瀑布②、仙鹤晴岚③、五山踏青④四处与山有关的风景。

从浮山汇成溪流流经浮石村西侧，当地人称之为兰溪，并将兰溪喻作浮石人的母亲河。由兰溪而形成了兰涧香泉⑤、陂塘晚钓⑥、溪桥夜月⑦三处旧浮石十景。

浮石人自古对浮石的山水颇为自豪，曾有"浮石三宝"，分别为兰溪、街市、名医。《浮石赵氏族谱》中不无自夸地说："凡乡村之美，必据有山川之胜。"⑧旅广州乡亲赵陶烈曾说："兰溪水最美，人们都说浮石儿女一出世就值三千两身价，其中兰溪水就给了一千两。"⑨

而由浮山也引出了不少美丽传说。如皇罗山（又称黄罗山）的取名，据说因南宋一太子被追至一山，此山如皇帝的罗伞将太子遮住，让太子逃过一劫，由此而形成了"皇罗遮太子"的传说。⑩又传说村中一池塘是用来接皇罗山的山影，以保障全村人的平安。⑪

浮石人更是酷爱兰溪，对兰溪生长的鹤兰也情有独钟，在浮石村跟

---

① 此地在浮石村东北，离村三四里。室在山腰中，石壁峭立，上下两层，巨石盖覆，了然一室面南，名曰"龙岩"。
② 潭在浮石村背四五里，由狮岭、横拦、崩红、桃山诸峰之水汇流而出，由高注下，如悬瀑布。
③ 此景在浮石村北三四里，诸峰绝高，横直数十里皆可见，底眠一石似鹤，上一巨石挺立如人，世人称呼为仙人骑鹤。
④ 山在浮石村背西边，即浮山三峰之一。
⑤ 兰溪在龙岩前面宛然出山，沿涯皆葛蒲香草，水石间产幽兰数种，流泉常有香气。
⑥ 塘在赤山岗兰溪之下，四山环峙，雨后水皆注于此。陂口有大石关束，故深而成池，池中之鱼大至数斤，秋后水略澄清，钓者环集。
⑦ 桥在浮石村前，溪水将入围田处，凝聚澄清。中跨一桥，两边石栏，为水漂濯，洁白可爱。每月夜，水光月色，与石争皎洁，游客若在冰壶中。
⑧〔清〕赵天锡：《浮石赵氏族谱·杂说记》，光绪二十九年（1903年）版，赵宪冲藏本。
⑨ 佚名：《爱乡亲浓 敬祖情殷》，《浮山月报》第104期，1991年12月，第30页，林丹彤藏本。
⑩ 李伟庭：《皇罗山轶事》，《浮山月报》第190期，2013年9月，第26页，浮山月报社藏本。
⑪ 赵恩普：《三登黄罗山》，《浮山月报》第177期，2010年6月，第30页，浮山月报社藏本。

侨乡出色
——台山浮石飘色的保护传承研究

随外祖父长大的陈策文曾回忆说：

（外祖父）换上粗布长衫，雨伞银锄结伴踏溪水上山，朝出暮归，几度寒暑专挑险要处攀登，终于别出庸常，应验了郑板桥语"棘中之兰，其花更硕茂矣"。继而把鹤兰揖入于开设在四时兴旺的浮石街市北侧国药店中，侍兰若子，不敢稍怠慢；倘稍怠慢，一缕兰魂便飘然归去山间。……如是三载才栽出茁壮之花发鹤兰。每至逢春赏兰，几乎倾村而至，平添了别一种风情。[1]

正是有了这样的山水，使浮石人自出生就有独特的审美情趣。

比如，前面提到的旧浮石十景，一个村庄竟然能挖掘出10处美景，在整个珠江三角洲的乡村也是少见的。对于旧浮石十景，赵氏族人颇为自豪，历来有不少吟咏诗作，还邀请当时的文人墨客慕名前来观赏并留下墨宝。在诗文的加持之下，浮石十景显得更具文化内涵。赵沅湘于清咸丰五年（1855年）将这些诗歌辑录成《浮石十景诗话》刊行。现择录几句，如下：

龙岩石室
幽兰香作室，翠竹绿为天。　　　　　　　（冈州刘启）
岭随云走山疑动，松卷涛倾海欲扬。　　　（赵葆庵）
兰涧香泉
涧为鸣秋飞逸响，兰因修补发奇香。　　　（潜谷子）
陂塘晚钓
景落鱼惊饵，人归鸟饮泉。　　　　　　　（赵觉窗）
夕阳归鸟路，细雨钓鱼矶。　　　　　　　（赵石室）[2]

---

[1] 陈策文：《感念浮石鹤兰》，《浮山月报》第119期，1995年9月，第32页，浮山月报社藏本。
[2] 赵恩普：《浮石志》，浮山月报社，1995年，第30—32页。

第四章 支柱之一：浮石赵氏宗族

现在，浮石人又评出浮石新十景，包括：云阁春晓、月门镜池、璜楼旭日、南门雄姿、方亭榕荫、两髻晴岚、古坟秋望、翠岫明湖、龙岩石室、陂塘夕照。在《浮山月报》中也登载了许多吟咏新十景的新诗篇。

除了吟咏自然景观，浮石人对人文景观的建造也非常热衷，体现了较高的审美情趣。最典型的莫过于因兰溪而修建的兰溪公园。兰溪公园的建设是几代人努力的结晶。先是在清乾隆年间，由云游到此的和尚破门上人①提议，在兰溪边上修建凌云阁，并在每年的九月举行诗文比赛，聘请邑中的贤达给予评定成绩，成绩优异者予以奖励，称为"兰溪社文会"。到1932年，在华侨的资助下修建小兰亭，形成了兰溪公园的雏形。到1991年，旅加乡亲赵耀源捐资重修凌云阁，粉饰小兰亭，新建兰溪公园。有兰溪，又建小兰亭，并形成公园，还有为数众多的吟咏诗文，对于一座村庄而言，可谓风雅之至了。

对于当年的小兰亭，赵羡常有这样的回忆：

小兰亭公园到了，极目一望，到处长满了苍翠的松柏，翠绿的洋槐，珠江三角洲特有的炮仗花在行人路上散发着清淡迷人的香气……这是一个小巧玲珑的六角穹拱小亭。它由钢筋混凝土构成，石板和栏杆镶了一层雪白而半透明的石英石，亭壁亭柱用奶黄色漆过的地方因年久失修已经有些脱落，只有白色的半圆薄壳顶尖上的风向针在晚风微微的吹动下才显出它当年的风貌。②

---

① 在陈中美编的《台山旧诗集》中收录了破门上人《凌云阁春晓》诗："烟霞啸傲助诗情，愧比游僧一衲轻。几朵闲云随雁影，三秋残叶落风声。桥临浅水鱼堪数，船泊横江火独明。赖有名流时唱和，奚囊留付雪泥评。"
② 赵羡常：《风雨六十年》，台山市政协社会法制文史委员会，2004年，第2—3页。

侨乡出色
——台山浮石飘色的保护传承研究

美丽的兰溪河，对岸是小兰亭，村民喜欢在河两岸休闲纳凉，也常有村民在河边垂钓（宋旭民拍摄于2023年9月26日）

而对于新建成的兰亭公园，赵洪周有这样的描写：

凌云阁左旁，是兰溪公园的正门，黄琉璃瓦，白矮墙，八角门，设计颇为精巧。跨进公园门，一座小亭娇俏玉立，经粉刷过后色彩斑斓，已换新装。亭有对联曰："园小俨然庚子赋，觞流恰似右军亭。"……亭前有棵老榕，根抱溪石，髯垂碧涟，干躯合抱，树高数丈，盘根错节，古老苍劲。亭左有两棵横杠树，枝荣叶茂，亭亭如盖，且相偎依，俨然一对情侣，微风轻拂，沙沙作响，似窃窃蜜语。横杠树旁有株高大挺拔的英雄树，火红花朵，傲然风骨，在众多树木中独树一帜，万绿丛中，鲜红耀眼……亭后有莲塘，莲塘四周都用花岗岩石镶砌，颇为美观。他日荷叶翻飞，莲花怒放，则更为雅致。莲塘后面是雄镇西北楼，巍然矗立，甚是雄伟。……北面沿岸有一条直道，是一沙堤，直通裕榃桥，靠溪的一边砌上角石。岸两旁种植上一排小树，高五米左右，正萌发新芽，一派欣欣向荣，在春风里醉舞。裕榃桥西也有一琉璃瓦檐矮墙，紧接桥栏杆，延伸连接西面斜道，把兰溪公园围成一个三角形。矮墙面对网山林场大道处，也开了一个八角小门，与正门遥相对应。①

在这些文辞优美的文章中，既可看到兰溪公园的环境美，也可看出浮石人的审美情趣，以及深厚的文化底蕴。

二、人文环境的影响及赵氏的应对

（一）宗族竞争促使浮石赵氏培养本族人才

虽然说浮石村与周边乡村的矛盾相对较少，没有引起械斗事件，但并不代表与周边宗族没有竞争关系。这种竞争就是比赛谁家培养的功名人士多，这样才能在本地取得更大的话语权，成为一地的豪强。

因此，浮石赵氏对教育非常重视，形成了良好的读书风气，以至邑令南公炙曾题额曰"仁里"，包公锦燦题额曰"宁阳礼选"。②"宁阳礼选"自此成为浮石村的代名词。一位并不知名的和尚破门上人游历到浮石，因与当地文人往来甚欢而定居下来，办起了以诗会友的"兰溪社文会"。文会为当地培养人才提供了一个很好的抓手。在他死后，当地人为了纪念他的功绩，更是将他的神像供奉于凌云阁之中。

在整个科举时代，浮石村共培养了举人11名，钦赐翰林1名，贡生18名，生员102名。③而且，到清末光绪十七年（1891年）还出了"一榜双魁"，文举人赵宗坛和武举人赵天锡。而这两位举人在台山也成为文坛领袖，赵天锡编辑了《宁阳诗存》，参与《新宁县志》编纂，赵宗坛曾出使美国、墨西哥、加拿大，回国后又担任台山县立中学校长。经此二人的发扬，浮石村在整个台山的名气变得更大。

---

① 赵洪周：《兰溪公园》，《浮山月报》第107期，1992年9月，第68—70页，林丹彤藏本。
② 〔清〕赵天锡：《浮石赵氏族谱·习俗》，光绪二十九年（1903年）版，赵宪冲藏本。
③ 赵恩普：《浮石志》，浮山月报社，1995年，第247页。

侨乡出色
——台山浮石飘色的保护传承研究

图为20世纪初加拿大当地侨团赠送给时任中国驻加拿大领事赵宗坛的"为我保安"铜镀银纪念杯和"同沾雨露"双耳金属纪念杯，两杯高约40厘米，现藏于台山市华侨文化博物馆，在第1展厅常年展示（台山市博物馆提供）

在废除科举之后，新式学校在台山如雨后春笋一样出现。浮石村也不甘人后，在1902年创立浮石学堂。又在民国初年建立女校，西头坊设立思永高级小学。1926年，乡贤把这些教育力量合并为浮石乡中心国民学校。另有华利磨学会开设平民义学，为缴不起学费的儿童提供免费教育。至于这些学校的教育质量如何，我们不妨看看当事人的忆述：

慈母（在浮石女校毕业）至今尚能执笔写信，其句语皆不用标点符号，但断句清楚，意思一读即明白；其字硬朗匀称，当年一过门为新媳妇时，已备受父老赞赏曰："浮石女子也，既好才学，亦好字焉。"[1]

1932年秋，我得到亲朋的介绍，到一间药材店去当学徒，这就不得不离开平民义校，走向社会生活。我虽然在平民义校只读了一年半书，但学到的文化基础知识和为人的道德修养都为我在社会谋生、为人打下了坚基。[2]

---

[1] 陈策文：《忆浮石女校》，《浮山月报》第105期，1992年4月，第56页，浮山月报社藏本。
[2] 赵万麟：《回忆在平民义学的读书生活》，《浮山月报》第92期，1988年12月，第10—11页，浮山月报社藏本。

第四章 支柱之一：浮石赵氏宗族

除了功名人士外，浮石赵氏还有培养医生的传统，使医生成为浮石的"三宝"之一。较有名的名医有赵士池、赵信惠等。关于名医有不少传说，比如传说赵信惠去田稠看病途中，因溪水上涨，请一青年背他过河，在背的过程中，赵信惠感知青年有病，为其开一药方，但青年母亲没有抓药，青年半夜即病发，后得赵信惠重开药方，一剂而病除。赵信惠从此被人称为"赵一剂"。① 赵雄驹著有医书《伤寒论旁训》，作为他授徒的课本，具有一定的影响力。

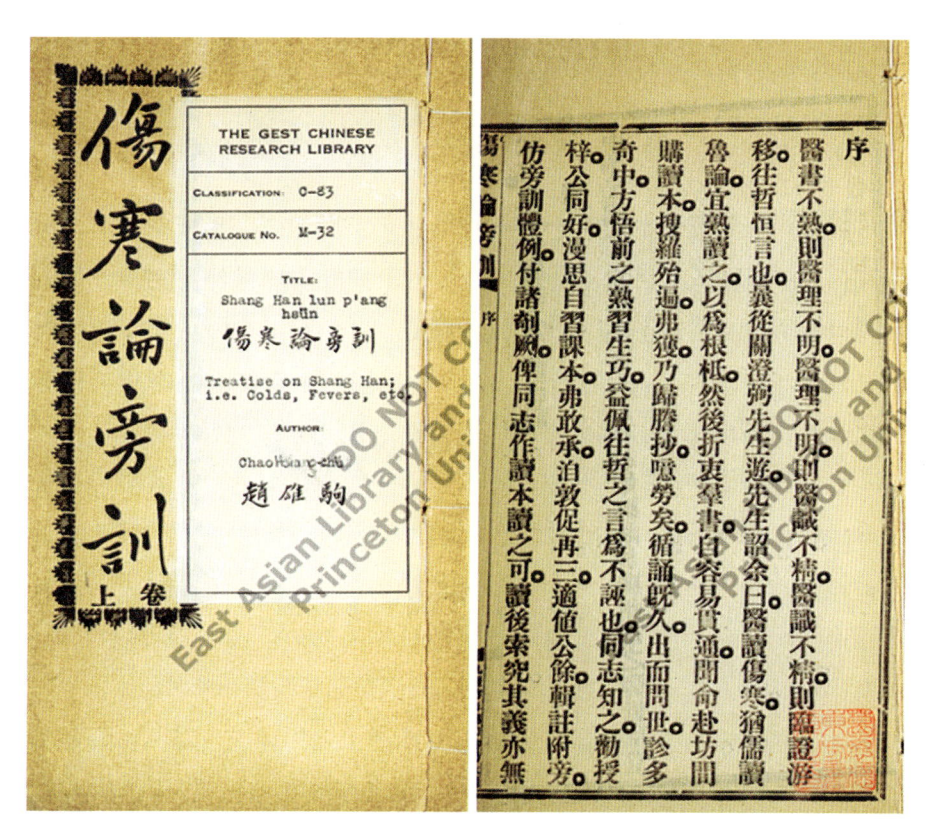

赵雄驹著《伤寒论旁训》封面及内页，民国十二年（1923年）版（藏于美国普林斯顿大学东亚图书馆，赵崇煦提供）

---

① 赵恩普：《浮石志》，浮山月报社，1995年，第282页。

侨乡出色
——台山浮石飘色的保护传承研究

当地的三坊是医堂较为集中的里坊，有集灵堂、中和药房、启光医局、万祥堂、寿同春等。[1]之所以名医辈出，据当地耆老说，当地一座正对着村庄的山如一个横放的葫芦，而葫芦则是旧时医生的行医工具，当地就有"打益（土话，平放意）葫芦出太医"之说。不过，当地出医生的传统主要还是来自对教育的重视，在中国传统文化的教育中，历来就有"不为良相，便为良医"的说法。名医辈出也成为浮石的一张名片，营造了良好的人文环境，并为乡间父老提供了生活医疗保障。直至当代，仍有村民为黑夜中不出村而能求医感到庆幸。[2]每有乡中名医离世，《浮山月报》都会刊登消息，以"名医又弱一人"等字句表示痛惜。

（二）日益庞大的宗族需要统一管理

经过几百年的苦心经营，浮石村的建筑不断扩张，形成了7个坊集中相连、3个坊环绕拱卫的特大乡村。由于拥有雄厚的经济实力，浮石村得以发展成为一个上万人的大村。据民国二十五年（1936年）建醮时的统计，浮石男女人口达10700余人。[3]民国三十七年（1948年）最后一届建醮时，共有男丁8561人[4]，同时期旅外人口为2370人[5]。

宗族过于庞大，必然会面临人心不齐的问题。另外，浮石村有大批"细仔"，这些"细仔"主要依靠集体豢养的方式维系[6]，也是赵氏宗族需要面对的问题。要解决这些问题，就需要从宗法组织、祭祀活动、法规制定上进行破解。

---

[1] 赵恩普：《浮石志》，浮山月报社，1995年，第8页。
[2] 丁丁：《黑夜求医有感》，《浮山月报》第98期，1990年6月，第53页，浮山月报社藏本。
[3] 韵：《建醮与演戏》，《浮山月报》第一卷第9/10期，民国二十五年（1936年）5月，第36页，国家图书馆藏本。
[4] 赵恩普：《浮石志》，浮山月报社，1995年，第95页。
[5] 赵恩普：《浮石志》，浮山月报社，1995年，第187页。
[6] 黄淑娉：《广东族群与区域文化研究》，广州：广东高等教育出版社，1999年，第466页。

第四章 支柱之一：浮石赵氏宗族

1. 宗法组织

宗法组织主要是紫气堂和各公房。紫气堂是整个赵氏宗族的管理机构，设在始祖祠内，现时的始祖祠内仍然挂有"紫气堂"牌匾。由于浮石村是单姓村，又自成一乡，紫气堂实际上就是乡村自治机构。在清朝期间，设值年办事绅耆 13 人。到清光绪二十五年（1899 年），改称公所，设族正 13 人，族副若干人。按照当时的公房数，这些值年办事绅耆或族正，都应是从各公房配额选出的。民国十五年（1926 年）修订《浮石乡自治法》，设族正 21 人、族副若干人，族正数量之所以增加，与当时公房数增加紧密相关。不管是值年办事绅耆还是族正，都是由各公房推举，这个群体采用集体决策的方式治理浮石。

始祖祠内的紫气堂。神座对联为"琼山遗一老，崖海接三忠"；主座前联为"蹈崖海而存孤，无非为国为民，登斯堂当追想祖功宗德；辟浮山以启后，洵称善继善述，被厥泽宁勿忘孝子仁人"（赵崇煦提供）

侨乡出色
——台山浮石飘色的保护传承研究

民国二十三年（1934年），改为乡公所，废除族正副制，改为正副乡长各1人，再下设若干股室。直到此时，浮石村才从组织上完成了由传统宗族组织治理向现代乡村组织管理的转变。

无论是紫气堂还是乡公所，都由赵氏族人主管，并对全族的大小事务进行管理，包括学务、财政、团防、选举、祭祀等。《族谱》中云："田土钱财之争则就族正理处之。"[1]如东头某洪君之母，将田押给两个公房，后引起纠纷，由乡公所判决，把田拍卖得款赔偿给两个公房。[2]又如征集君租世德堂的铺位开药店，并在铺后建有小楼，退租时将小楼拆卸，但按合约规定，这一行为违约，双方诉至乡公所，乡公所判征集君赔偿损失。[3]

紫气堂尤其看重村域边界，对于边界田地的典卖在《浮石乡自治法》中有专门的规定，卖与外乡人的，必须在紫气堂立契交易，而且要先报乡中的组织和个人，没有愿意承买的，才能成交，还要在契约中声明："此田地系在浮石村界内，只系卖田，不能卖浮石村地界，所有田地中水利更谷鸭埠一切权利，须遵照浮石村界内向章办理字样。"[4]

另外，一些没有明确权属的公共事务也归紫气堂管理，如一个在浮石冻死的乞丐就由紫气堂出资收殓。[5]对于一些难以判决的事情，才会上交县政府。如在禁毒中抓拿了两人，乡公所予以审讯，但两人拒不承认，只有"解往县政核"。[6]

---

[1] 赵伯勋：《浮石赵氏族谱》，1966年版，林丹彤藏本，第19页。
[2] 佚名：《按田纠葛》，《浮山月报》第一卷第5期，民国二十四年（1935年）12月，第25—26页，台山档案馆藏本。
[3] 佚名：《中和药局批满退铺 因拆卸小楼发生波折》，《浮山月报》第一卷第5期，民国二十四年（1935年）12月，第26页，台山档案馆藏本。
[4] 赵宗坛：《浮石乡自治法》，民国十五年（1926年），台城文雅图书印务，台山市博物馆藏本。
[5] 佚名：《冻毙乞丐》，《浮山月报》第二卷第7期，民国二十六年（1937年）2月，第54页，许卫豪藏本。
[6] 佚名：《吸食红丸被拿获》，《浮山月报》第二卷第7期，民国二十六年（1937年）2月，第50页，许卫豪藏本。

2. 祭祀活动

已有的组织机构需要通过举办相应的活动，以凝聚宗族内的人心。徐扬杰认为："村族中的各种习俗，同村族的祭祀一样，是联络村民族众之间相互了解、相互联系、相互帮助的重要渠道，对社会的发展和村族的团结起过重要的促进作用。……正是这些共同的习俗，好像一个民族的心理素质一样，发挥着精神上、心理上的纽带作用，把中国封建社会中的村落结构和家族组织长期凝结在一起。"[①]

宗法组织主要进行的是祭祖活动。浮石赵氏的祭祖次数多，包括元旦（正月初一）、春祭（正月初六）、墓祭（四月初五）、夏祭（五月初三）、秋祭（七月初四）、冬祭（冬至日）、腊祭（十二月二十六），其中以春祭最为隆重。按《浮石赵氏族谱》记载：

> 正月一日自始祖以下诸祠堂皆荐果酒菜食，以贺元旦，自成丁以上皆衣冠诣祠行礼，毕，相与道喜，围饮。
> 正月六日春祭始祖，明日以后以次祭以下各祖，祭毕分胙。
> 清明日祭始祖墓，是日凡境内无主之墓皆分祀之，清明前后诸日，族人各自展其祖墓。
> 五月一日—五日，自始祖以下诸祖祠，皆荐果酒。
> 七月四日秋祭始祖，是月初旬，诸祖祠及人家各择日而荐，皆以纸钱杂花纸焚之，名曰送衣。
> 冬至日冬祭始祖，明日以后以次祭以下各祖，祭毕分胙。
> 十二月二十六日暨以后诸日，自始祖祠以下皆行腊祭，人家则以除夕祭于家，名曰团年。
> 三年则与霞路房会族，至者辄千余人，往新会城金紫街合祀上柱国公祠堂，遂往睦洲祭墓，先于高山头望崖门祭入广始祖，乃于鹰山祭三世邀

[①] 徐扬杰：《宋明家族制度史论》，北京：中华书局，1995年，第325页。

侨乡出色
——台山浮石飘色的保护传承研究

洲公墓，又往钟山祭二世隐林公并祖妣岑氏容氏祝氏墓，又往龙影山祭入广始祖妣陈氏、二世伯祖妣氏墓，凡祭睦洲墓，必及恩祖林公世谊郑公祠堂。①

而对于最重要的春祭礼仪，《浮石志》有更详细的表述：

春祭日，族正、绅耆偕礼生诣始祖祠，陈列祭品行三献礼，祭毕，诣恩义祠祭恩主林玄辅公，亦行三献礼，并派族正、绅耆诣义勇神座前致祭。②

宗法组织通过如此频繁的祭祖活动，以加强宗族内部的交流。而在重要的春祭、冬祭还要分胙，让全族人享受权利的同时，也提升对宗族的认同感。

祭祖活动不限于本村祖宗，每年还与新会霞路的宗亲联系，到霞路祭祖。《浮石赵氏族谱》记载：

三年则与霞路房会族，至者辄千余人，往新会城金紫街合祀上柱国公祠堂，遂往睦洲祭墓，先于高山头望崖门祭入广始祖，乃于鹰山祭三世避洲公墓，又往钟山祭二世隐林公并祖妣岑氏容氏祝氏墓，又往龙影山祭入广始祖妣陈氏、二世伯祖妣□氏墓，凡祭睦洲墓，必及恩祖林公世谊郑公祠堂。③

更为盛大的是联合其他赵氏宗族到崖门国母殿参加国母诞祭祀，不过浮石房参与的时间应该较为靠后。

按崖门国母殿《重修慈元庙碑》记载，明代弘治年间，陈白沙提议在崖山建慈元庙，"丁邑令积割废寺田三顷有畸"，作为祭田。初时是"由新会潞头系、三江系、霞路系、香山南门系四房轮管办祭"。三江的

---

① 〔清〕赵天锡：《浮石赵氏族谱·祀祖》，光绪二十九年（1903年）版，赵宪冲藏本。
② 赵恩普：《浮石志》，浮山月报社，1995年，第106页。
③ 〔清〕赵天锡：《浮石赵氏族谱·祀祖》，光绪二十九年（1903年）版，赵宪冲藏本。

《赵氏族谱》有相关记录，清雍正十一年（1733年）赵季思的《新会三江开枝那伏大巷房》记述："设立祭田二顷有余，迄今滘头、三江、霞路、南门四大房轮流办理祭品。"[1]到清乾隆年间重修慈元庙，由四房共同出资。到民国九年（1920年）的重修，为减轻四房修缮的经济压力，又增加浮石房，形成五房轮祭制。[2]后来，又增加新会慈溪系、中山大赤坎系，形成七房。在民国二十六年（1937年），国母殿尝产被私卖的纠纷案，由七房共同发表声明。[3]值得一提的是，在《重修慈元庙碑》中还提到，作者简朝亮两次遇见"台山文学赵集"，《浮石志》记录，这个赵集是瑞田公房二十世孙，字以忠，号春坡，为庠生。[4]

对于参与国母诞祭祀，1966年的《浮石赵氏族谱》有另一种说法。他们认为，国母诞从开始就由五房轮值，但在清乾隆五十六年（1791年）的重修时，浮石房未有出资，直到民国九年（1920年）重修时才补交[5]，但这种说法显然不能自圆。《浮石乡自治法》中提醒乡人，由于"我浮石房隔涉太远，来往各费更大，故宜预筹的款存贮，以为轮到我房办祭之用，庶免至临渴掘井焉"[6]。这个提醒似乎也说明了浮石赵氏虽然同为南宋皇族后裔，但之前未有参加国母诞祭祀的原因。

（三）《浮石乡自治法》及财政收支情况

民国十五年（1926年），赵宗坛在原有的乡村旧例和习惯法基础上，

---

[1] 赵锡年：《赵氏族谱》，民国二十六年（1937年）版，古井三琨书室藏本。
[2] 〔清〕简朝亮：《重修慈元庙碑》，新会崖门慈元庙，光绪二十八年（1902年）。
[3] 佚名：《赵宋慈元殿尝产纠纷案续志》，《浮山月报》第二卷第12期，民国二十六年（1937年）7月，第18—25页，台山档案馆藏本。
[4] 赵恩普：《浮石志》，浮山月报社，1995年，第250页。
[5] 赵伯勋：《浮石赵氏族谱》，1966年版，第367页，林丹彤藏本。
[6] 赵宗坛：《浮石乡自治法》，民国十五年（1926年），台城文雅图书印务，台山市博物馆藏本。

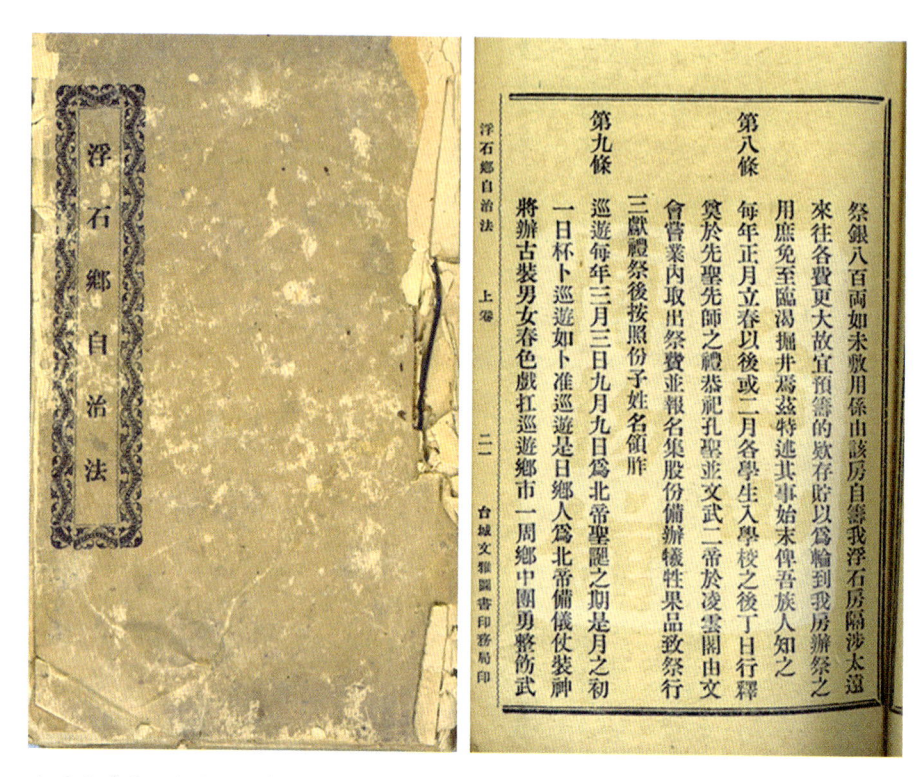

侨乡出色
——台山浮石飘色的保护传承研究

左图为《浮石乡自治法》,由赵恩普捐赠给台山市博物馆,可能是现存唯一的版本;右图为《浮石乡自治法》内页,第九条描述北帝诞巡游的内容,所说的"春色戏"应指飘色(台山市博物馆提供)

修订了《浮石乡自治法》[①],这是广东省乡村第一部自治法。该法分上下卷,上卷记载政教礼俗,为"积极法",章节包括《学务》《财政》《团防》《选举》《典按买卖契约法》《祭祀》《庆典》《工程事务》《慈善事业》;下卷记载禁令,为"消极法",章节包括《强盗》《毁弃与损坏》《伪造与欺诈》《奸淫》《略拐及略拐罪》《杀伤》《妨害治安及放火》《附则》。[②] 其意义在于,《浮石乡自治法》系统地总结了浮石赵氏几百年来通

---

① 按照《浮石乡自治法》中序言所述,"父老咸请修正爰本相传之旧章",表明在此版本之前,很可能已有成体系的乡村法规文本。
② 赵宗坛:《浮石乡自治法》,民国十五年(1926年),台城文雅图书印务,台山市博物馆藏本。

第四章 支柱之一：浮石赵氏宗族

过政府引导、生活实践形成的习惯法，以法规的形式展示了浮石赵氏在中华人民共和国成立前的公共生活图景，也体现了浮石赵氏的主人翁意识，以及强大的内部管理能力。

《浮石乡自治法》的重要之处在于详细地阐述了人、财、物权的分配。本书以财政权为例，详细分析浮石村的做法，从一个侧面了解当时浮石赵氏的管理能力。

1. 收入项目

浮石村一级（紫气堂）的收入来自三个方面：

一是自然资源收入，包括围田水利（主要是捕鱼之利）、鸭埠之利、石厂租款、薯芋款。之所以收取这些项目，原因是这些项目都是当时国家税收的空白点。如薯芋，政府的税收要粮食或钱币，薯芋不能代替粮食上交，人们不会用记入税册的农田大量种植，只会在难以种粮的山地种植，或是在早晚两造的间隙种植，以补充粮食缺口。[①]《浮石赵氏族谱》记录："岁充食粮几及四之一。"[②] 又如围田水利，浮石临近海边，这些围田与河道相通，在涨潮时，海水会倒灌，通过闸口控制，适当放入海水（过多海水会影响田亩的产量），会带来一定的鱼虾海鲜，这些也是额外的收益。[③] 对这些国家税务体系之外项目征收费用，既不会加重农民的压力，也能为村一级带来收益。这种做法体现了浮石赵氏的智慧。

[①] 不过，薯芋款也不容易收取，乡公所多次发布公告，要求各户"照实填报，以维成例而重饷源"[《浮山月报》第一卷第11期，民国二十五年（1936年）6月，第7页，国家图书馆藏本]。由于薯芋对村民意义重大，更练也负有看管之责，如发现偷芋要给予处罚，这种例子在《浮山月报》比比皆是，如第二卷第1期的《偷芋被拿》，第二卷第2期的《偷芋散仔被物主哨见将赃报更》《偷芋之可恶》等。

[②] 〔清〕赵天锡：《浮石赵氏族谱·物产》，光绪二十九年（1903年）版，赵宪冲藏本。

[③] 赵天锡有《咸围》诗云：千亩咸潮静碧波，水天水地镜相磨。居人致富夸长策，泽国租鱼胜种禾（《浮石赵氏诗文存》，第277页）。可见当时人对在围田中捉鱼之事极为推崇。

77

二是商业收入，主要是屠行豚埠、庙祝费用。浮石村人口稠密，能够支撑起一定规模的屠宰业，而当时能够吃得起猪肉的，也是小康以上的家庭，对屠行收费，屠行自然会将成本转嫁到肉价上，变相地由这些家庭交费。而村中各庙的庙祝是要投充而得，每三年一投，庙祝通过善信的香油钱、神符销售等获利，只要管理得宜，庙祝能够靠神庙养活，故而每次投充都不乏人参加。

三是地租收入，主要是广海南湾的铺地，它是紫气堂为了自身生存而购置的地产。这些地产与尝田的不同之处在于，尝田收益主要用于祭祀，而这些地产的收益则用于紫气堂的日常开支。

2. 支出项目

一是祭祀费用，包括春秋祠祭、清明墓祭、建醮酬神，以及祠堂的维修费用。二是人头费用，包括族正、值理、绅耆的办公经费，更夫的薪酬，奖励学子的费用。三是公共费用，包括公共建筑的修葺费用，对外交往费用。

对于与本村息息相关的重大支出项目，一般指定具体的款项来源。如修路、筑桥由北帝庙尝支出，而修葺堑基则在紫气堂公款中支出；学费花费较大，分由水利、祖尝、北帝庙尝共同支出，以水利占大头儿。更夫的收入按每个成年男丁每年5斗谷、每头牛每年2.5斗谷计算，薯芋款也作为更夫收入。

3. 财政掌管与监督

浮石村虽有若干族正、族副，但财政管理权并不在他们手上，而是另外推选值理，而且是分门别类，大致分为紫气堂、北帝庙尝、围田水利、文会、高坡祠、松园等，每个项目有4—6名值理，起到相互监督的作用。为防止值理"日久弊生"，其任命每年一聘，最多聘用三年，即使极为称职，也要替换。

但在经费具体使用时，要经过族正的认可。如修路工程费用在10元以下的，由值理随时支给，但要告知族正，在10元以上的，就要经过族正许可方可开支。

族正起到监督值理的作用，要对值理每月、每年上报的财务报告进行审核，通过后再对外公布。族正与值理不能兼任，如值理不得被选为族正，必须另行选聘。

（四）村内频繁的人员往来拓宽了村民眼界

由于浮石村人口稠密，村内便形成街市，成为本村的"三宝"之一，当地人有"办红白喜事，不用出村门"之说。民国时期，浮石村仅屠店就有7间，油糖杂货店有20余间，木铺2间，饭店3间[①]，已是一个中小型的市镇规模。对于街市商业的繁华，当地人曾作过详细的描述：

红喜事办嫁妆需金饰，有麻糖常的金铺，他经验老到，为人踏实，工艺不比斗山圩差……裁嫁衣，娶新娘需要布料，找外乡人士刘七开设于街市西的民生布庄……需要龙凤礼饼，有万珍和饼家；办筵席有广源、合兴隆和广利的油糖海味杂货店……百年仙去需要寿材，有树南木铺和福英祥木铺……需要冥币、纸人、纸马、纸箱、麻仔大络等祭品祭服有缸瓦铺供应。依传统俗礼、行告别致敬礼等拜祭仪式，有罗星和罗玉池父子巫师作主持……需要择吉日忌日，有朝献师傅；写挽联、铭旌等，一应书法系列的有相华书法家。需要伙工的有罗道符与其众伙计……最贴近村民生活的是小型杂货店。西头有北富店；村心有怀沾店；民表有东源号、广丰、广牲、过山福店、居积伯店、锦记号、适美等；东头有义利、佐显店、集益、普记、了龙店、贺记、双长号；南平里有南天、广益、虫记、和发；大墩有亮勤旺店，他晒的面豉酱极有特色……中医药材铺、西药店，大多和我村各名

---

① 佚名：《浮石乡闻》，《浮龙集志》，民国二十三年（1934年），第41页，台山档案馆藏本。

侨乡出色
——台山浮石飘色的保护传承研究

医联系在一起，为乡民防病、治病服务，也是星星点点。例如有镜湖伯坐店的镜湖药局，擅长用"金鸡纳霜治疟疾；燮南哥坐店的泽生堂；佩文公、式训伯的保和堂；启光伯的启光药局；中医赵发强、西医阮佩嫦夫妇的中西药房；刚强、寿强兄弟的知人堂；伟光叔的寿同春；淡樵叔的万祥堂；伟庵公的中和药局；藻阶公的集灵堂……猪肉铺有信泽公经营的猪肉腊味铺、茂和号、同益号、凯祥善祥联合店、善渠摊档和洪胜牛肉档。此外，糖湖糍、糕点类有帝寿店、大牛店、帝铨店、麻糖强店。熟食店有煜翰店、灼辰店、和合。还有卖瓜菜的固定摊有乐球店、来聪店、齐四店，流动的就难以一一列举；又有卖鲜鱼的塘鱼壮、卖海鲜的松宝稳、卖咸鱼的来旺、卖海味的暖记、卖豆腐的生锈铜等。①

好热闹的街市！灯火如龙，有灯仔、笔筒（旗杆）灯、灯笼、气死风灯、汽灯等。明暗错落、招客声此起彼伏。熟食类可丰富啦：甜品的有大牛的斩板糍、白松糕与企眼糕；黎际寿的糖糊和烧酒白糖鸡肠糍；南友的豆腐花；凉粉长的凉粉；还有芝麻糊、绿豆沙、糕煮仔等；成品的有：荣章的叉烧鸡糕和猪什糯米汤丸；华来明的芋仔猪嘴耳点辣椒酱；还有牛腩萝卜和煎堆、粽糍等。除吃食的还有刚上船的海鲜在摆卖。真是五花八门，数不胜数，美不胜收。②

除了各类商贩，还有不少艺人前来卖艺。有一篇文章特别介绍了这些艺人：

浮石村是邑中出了名的大村，卖艺人就不时来营生。

卖艺有文档和武档。文档是曲艺演唱、变戏法等；武档是指国技表演。当年经常到我村来摆档的，文档有林少英、冯卓锋；武档有独角牛、黄传

---

① 赵盈俊：《海纳百川 有容乃大——忆浮石街市看民风》，《浮雁留声》，内部资料，2010年，第78—80页。
② 赵洪周：《夜逛浮石市》，《浮山月报》第131期，1998年9月，第54—55页，浮山月报社藏本。

发。还有文武兼备的刘文鹤、刘文伟兄弟班。林少英、冯卓锋的文档又各有特点,林少英男扮女装,子喉演唱曲艺。浮石村,大戏寞,有曲艺唱,最撩人中意,上座率往往很高。冯卓锋则以西装革履,一表斯文取胜,主要表演戏法吸引人的眼球。他每每口中念念有词,并煞有介事地手指四方,故弄玄虎,忽然一下子弄出鲜花,一下子又变出鸡蛋。最神奇的是,在地上平铺一块白布,整古弄怪的向各方频频招手,接着大喝一声:"起!"果然,白布中央慢慢地有物体竖起来,他伸手进布里拿出来的是一孖腊肠。他还表演口技,学猫叫,学公鸡啼,最精彩的是装出两只狗在争骨头时发出的各种叫声。同时,配以意象的动作,惟妙惟肖,活现在眼前。他们虽是文档,也辅以武术表演,以照顾另一类观众。

武档的有独角牛,每以赤身露脾、硬拳硬马、栗子肉随身游走见长,极具男性的雄壮美。他发力可掌碎叠起的五块石头,双手拗曲尺长的五分圆铁枝,令人瞠目结舌。黄传发的三十六路虎尾棍,舞得水泄不通,虎虎生威。他的绝招是手指砖头,只见他食指到处,砖纷纷扬扬,飘落一地。瞬间,平展展的砖面上,硬是被他钻出个小洞洞。散场后,有不信邪的人士,捡起留下的砖头一看,自言自语地说:"货真价实,童叟无欺!"

文武档的刘文鹤主文,唱唱谐曲,说说笑话,另有一种趣味,果然也博得满堂彩。刘文伟主武,一把蔡阳刀,舞得出神入化。其绝技是小中见大的飞铊,柔中有刚,百发百中。飞铊,像红缨枪的枪头,铊臀有个小圆环,小圆环绑上一条坚韧柔软的绒线绳。运用时主铊者大臂一甩,飞铊随绳横空而出,直向目标飞去。我曾目击,只见刘文伟赤脾上阵,先把缨枪倒插在地上,并在枪杆顶上摆上铜钱,然后退到离缨枪丈把远处立定,随即挥臂甩绳,牵动飞铊,飞铊就身随绳转,忽东忽西,忽前忽后,上下翻飞,全凭刘文伟的意向在飞舞。正当观众在全神贯注的当儿,刘文伟突然大喝一声:"着!"随即大动作挥臂甩铊,飞铊应声而出,疾若流星,直指目标。说时迟,那时快,飞铊在空中来个90度急转直下,接着"铮"的一声,

侨乡出色
——台山浮石飘色的保护传承研究

火花四溅，碎铜片散落地上。当观众回过神来，看清是飞铊尖正好打在枪杆顶的铜钱时，顿时，鸦雀无声的场上，爆发出如雷的掌声和喝彩声，此起彼伏，经久不息。

进村时必先旗鼓行行，竖挂着写有某某大名的长方形大旗作先导，锣鼓跟上，绕村一直敲到目的地。摆开档口后，又用锣鼓声向村民传达信息：小弟今天到贵村来摆档，请移玉步，到来多多指教和帮衬。[①]

本书之所以如此详尽地照录这篇文章，是想让读者看到，当时的浮石人虽然身居乡村，但确实见过不少世面，大大地开阔了他们的眼界与见识的同时，也使他们对艺术有了更高的要求。

另外，由于浮石有为数众多的华侨，经常有乡亲从国外归来，也带来了许多国外的信息与文化，进一步拓宽了浮石人的视野。远居墨西哥的赵德峻深感乡间陋习严重，在文章中呼吁从国外归来的乡亲要大力传播先进文化：

吾乡昆仲远涉重洋，寄迹于文明之邦，耳濡目染，尽是维新风气，较之乡间兄弟，孤陋寡闻，殆有天壤之别，令我辈既身历文明之境，目睹彼方之风土人情，社会状态，受此新潮流之感化，岂有不怦然心动，希将乡中陋习实行廓而清之者哉！[②]

由华侨带回并推广的现代排球运动，就是一个很好的例证。据《浮山月报》的记录，每到重要节庆，当地都有排球比赛助兴，村民也积极参与，气氛相当热烈。而且，各坊"遍设球场，无论成年小童，每届傍

---

① 卫伦、盈俊：《民间舞弄法 江湖卖艺人》，《浮山月报》第178期，2010年9月，第24页，浮山月报社藏本。
② 赵德峻：《归国昆仲宜协助改革乡中陋习》，《浮山月报》第二卷第3期，民国二十五年（1936年）10月，第4页，台山档案馆藏本。

晚，辄见大演身手"①，可见此运动在村中的普及程度极高。

三、浮石赵氏的特点

通过以上对浮石赵氏生存环境及应对途径的深入介绍，可以看出这是一个根深蒂固、枝繁叶茂的世家大族，有着历史悠久的文化传统，并形成了较为固定的外在形象，被外村称为"浮石佬"。下面，结合本书的理解，对浮石赵氏的特点进行画像。

（一）团结

浮石赵氏说得最多的一句话就是"我族无疏"。据说此话出自宋太祖的遗训，原文整句为：我族无疏，世世为缌麻，勿恃富而轻贫，勿恃贵而骄贱，各宜念之，勿负朕嘱。其意思是说，本族的子弟不要因为对方的贫富贵贱而疏远。此句被题写于村口南门牌坊的横额之上，在祭祖时，也会宣读。比如远在加拿大的加东赵氏宗亲在冬至祭祖中，主祭就宣读了遗训的全句。②可见宣读祖训是赵氏祭祖的常规动作。

当然，这不仅是一句口号，也深深地印在浮石赵氏族人的行为之中。在建村之初，为了拓展生活空间，决定开辟月门塘南面的塘仔角，为此族人们联合起来挖土填塘、筑土建台、疏通渠道，当时没有先进的工具，全靠人力而为，体现了创村时期赵氏就具有团结拼搏精神。③在浮石需要集中力量推进某项工作时，居乡和海内外的乡亲都会给予大力的支持，形成强大的合力。比如在创立《浮山月报》时，当时原有三股不同的力

---

① 佚名：《体育风气吹遍浮石 系纱场内开辟球场》，《浮山月报》第64期，民国三十八年（1949年）8月，第17页，《近代华侨报刊大系》第六五册，第501页。

② 佚名：《加东赵氏宗亲冬至祭祖》，《浮山月报》第211期，2018年12月，第16页，浮山月报社藏本。

③ 赵荣昌，赵正贤，赵同人：《村心》，《浮山月报》第80期，1985年6月，第40页，浮山月报社藏本。

侨乡出色
——台山浮石飘色的保护传承研究

量分别办刊，但为了能形成合力、扩大影响，三股力量合而为一。

而排球运动也是浮石赵氏团结的一个佐证。作为一项集体运动，只有通过赛前赛后的艰苦训练、场上场下队员的团结拼搏才能赢得胜利，而浮石排球则往往能够在强敌面前临危不惧，夺得胜利。如民国二十四年（1935年）五和、都斛、冲蒌三区举办的比赛，"此次比赛允许聘请外面的球员，各队都斥巨资聘请，只有本乡为表现真正球术，未有聘请"[1]。浮石队最终凭借实力与拼搏夺得冠军。

在1999年至2005年重建浮石北极殿期间，海内外乡亲总共捐助1167笔善款，金额超过150万元人民币（含美金、加币、港币），在这些善款中，大部分都是少额捐助，很少有大额的，最大笔的捐款是10万元。这个例子充分说明了浮石赵氏通过集腋成裘完成一些高难度的事情，体现团结的特质。

中华人民共和国成立前浮石的最后一任乡长赵淡樵，之所以出任乡长，并非他本人所愿，而是被耆老们一再请求才担任的。他原本是医生，为了担任乡长，不得不放弃医生之职，他在《告民众书》中感叹："一旦就任，公务在身，嗷嗷待哺之十四五口家眷，何能顾及？"[2]而邻近的唐美村，则因为无人愿当乡长，选出同为医生的李某为乡长，但他因医务工作而坚辞，使村政几致瘫痪。[3]赵淡樵虽后来出国定居，但仍然心系家乡，在重建北极殿时，其后人以"赵淡樵家属"名义捐了人民币6万多元巨款。[4]

除此之外，浮石赵氏也注意团结同宗的赵氏族人，最为突出的是与新会霞路赵氏的交往。在中华人民共和国成立前，两族在新会金紫街购

---

[1] 佚名：《我乡球队之战绩》，《浮山月报》第一卷第2期，民国二十四年（1935年）9月，第14—18页，台山档案馆藏本。
[2] 赵淡樵：《告民众书》，《浮山月报》第59期，民国三十八年（1949年）2月，第10页，《近代华侨报刊大系》第六五册，第342页。
[3] 《唐美村志》，内部资料，2006年，第95页。
[4] 佚名：《浮石文化艺术馆鸣谢》，《浮山月报》第143期，2001年9月，第62页，浮山月报社藏本。

置地片建成上柱国赵公祠，并设有尝产，每逢岁次子、午、卯、酉之年，两房联合举行大祭一次。每次大祭，两房各雇用民船一二十艘，浩浩荡荡，令人羡煞。① 据霞路村公益联谊会副理事长赵柏庭介绍，现时两村会隔年互访，某年农历九月十二日浮石人到霞路村拜祖，次年农历正月初六霞路人到浮石村拜祖。②

为此，外人无不评价说"浮石佬"真团结。③

（二）感恩

正如前述，浮石赵氏有频繁的祭祖活动，通过活动追念祖宗，体现了感恩的性格特征。不仅如此，浮石赵氏还对曾有恩于他们的林护一族一直惦念，并尊称林护为林恩公，称林氏一族为恩亲。1902年，由赵天锡倡议，发动了海外200多名乡亲的力量，在村中建成专为祭祀林恩公的恩义祠。在祭林恩公时，其礼与始祖相同。浮石赵氏到霞路祭祖，必定先到旁边的仕路村祭拜林氏先祖，再到霞路拜祖。而每次与林氏族人相聚时，"数年一次叙会，异常亲切，欢洽之情，有如家人团聚"④。仕路林氏的人丁并不兴旺，财力也相对较弱，该族族人曾到浮石募捐修建祠堂，也得到了赵氏族人的支持。⑤

居乡赵氏对于海内外乡亲的捐款也是点滴记在心头，并在每期的《浮山月报》上刊登，排列时只分类别和捐款的时间次序，而没有以捐款数目排列，体现对每一位捐助者的尊重。为了用好乡亲捐的每一分钱，

---

① 佚名：《坚持在毛泽东旗帜下前进》，《浮山月报》第70期，1950年10月，第3页，林丹彤藏本。
② 2023年10月9日对赵柏庭的访谈。
③ 赵式健：《"浮石佬"的团结真难得》，《浮山月报》第102期，1991年6月，第22—23页，浮山月报社藏本。
④ 佚名：《坚持在毛泽东旗帜下前进》，《浮山月报》第70期，1950年10月，第3页，林丹彤藏本。
⑤ 佚名：《林恩公裔孙来乡募款修恩主玄辅公祠》，《浮龙集志》，民国二十三年（1934年），第56页，台山档案馆藏本。

侨乡出色
——台山浮石飘色的保护传承研究

《浮山月报》上也会刊登本期的财政报告，分列出收入、支出和结余情况，每笔数目精确到一分一毫，让每一位关心杂志的乡亲都能清清楚楚地看到账目。比如第104期的财政报告如下：

一、收入

1. 接一百零三期财政报告结余四千六百二十一元三角三分。

2. 收一百零三期鸣谢捐款九百六十元。

3. 收兑换外币折合人民币一万一千七百一十一元七角五分。

小计：一万七千二百九十三元零八分。

二、支出

1. 支一百零三期印刷费三千五百元。

2. 支一百零三期邮费二千九百三十元六角六分。

3. 支一百零三期旅差费九十元四角。

4. 支一百零三期文具费二百七十六元六角。

5. 支一百零三期稿费二百四十一元。

小计：七千零三十八元六角六分。

三、结余

一万零二百五十四元四角二分。①

除此之外，所有捐助给该村的款项，也会按照类别一一列明，如果该期有错漏的，在下一期还会进行更正。

（三）崇文

作为"宁阳礼选"，崇文也是浮石赵氏的突出特点。

---

① 佚名：《本刊财政报告》，《浮山月报》第104期，1991年12月，第98页，浮山月报社藏本。

| 第四章 支柱之一：浮石赵氏宗族 |

其一，浮石赵氏热爱文化艺术，培养了一批文化名人，创作了一批文化成果。比如清咸丰五年（1855年）编辑刊行的《浮石十景诗话》，编写台山的文学作品选集《宁阳学存》《宁阳诗存》《宁阳杂存》，编辑本乡的诗文集《浮石赵氏诗文存》。另外，还有一批个人的著作。比如乡贤赵灼编写的中国第一本英文语法书——《纳氏英文法讲义》，赵恩普编写的中国第一本记录本村方言字典——《浮石三音字典》。对于一个乡村来说，这样的成果确实值得肯定。

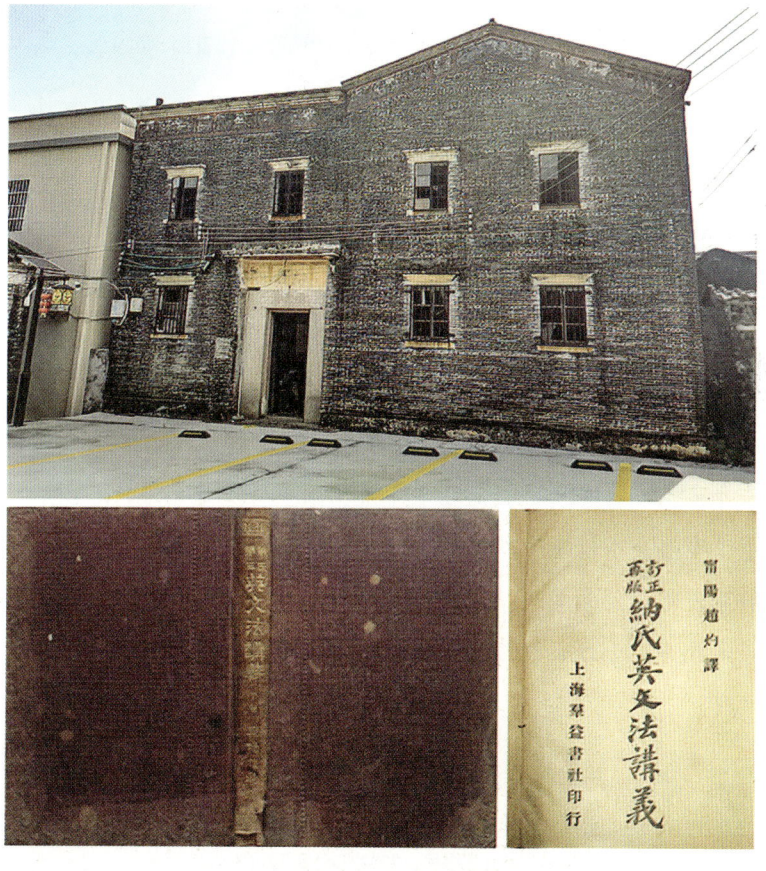

上图为整修过的赵灼故居（宋旭民拍摄于2023年9月30日）；左下图为《纳氏英文法讲义》封面，书脊写有"宁阳赵灼译"字样；右下图为该书扉页

侨乡出色
——台山浮石飘色的保护传承研究

其中,《浮石三音字典》除了标出浮石话读音外,还会将本村的事物、俗语融入其中。比如在解释"溪"字时,引申出本村的兰溪,并解释此溪的地理位置。[1] 在解释"海"字时,加上本地的语义使用:"浮石旧时称河流为海:三夹海(在斗山南面三条河流汇合处)、镇江海(镇口河)、下萌海(斗山河)。"[2] 造句时会出现与浮石相关的事物,"他们都是浮石中学的学生"[3]。解释"眼花缭乱"时,提及浮石话叫"眼花青乱"[4]。这样的例子随处可见,倾注了编者的大量心血。字典附了由赵戊丙专门制订的《浮石话拼音方案》[5],帮助人们读准浮石话。书中还记录了大量的台山、浮石俗语,更是具有很高的语言学研究价值,如下:

过头额:无法兑现的骗人话。(51页)

炒虾碌:形容天寒无被冚的睡态。(56页)

蛮求捞:形容人个性粗野,不通情理。(70页)

天生眼:无可奈何的自慰话。(79页)

身光毛滑:衣着华丽。(103页)

尖利:吝啬。(140页)

豆豉眼:骂人眼睛不利。(250页)

牛事未了,马事又来:形容事务繁多或事故多。(264页)

事了事罢:事情完了或事故过后。(264页)

好事好憨:爱管闲事。(264页)

寻窂挖窟:千方百计揾钱清还欠债或应付急用。(486页)

---

[1] 赵恩普:《浮石三音字典》,浮山月报社,2002年,第29页。
[2] 赵恩普:《浮石三音字典》,浮山月报社,2002年,第380页。
[3] 赵恩普:《浮石三音字典》,浮山月报社,2002年,第12页。
[4] 赵恩普:《浮石三音字典》,浮山月报社,2002年,第5页。
[5] 赵恩普:《浮石三音字典》,浮山月报社,2002年,第564—579页。

第四章　支柱之一：浮石赵氏宗族

赵恩普编写的《浮石志》是广东省第一本乡村志书，其文字流畅、记事翔实、条理清晰、关注全面，是乡镇志书的典范之作。最值得称道的是"事纪略"一章，该章从洪武十三年（1380年）开始一直到1993年结束，对历年浮石发生的大事进行了简要记述。虽然所有史书的纪略都是前简后繁，但《浮石志》能对各个时期的重要历史事件都有记述，对于一个乡村来说是不易做到的。

图左为《浮石志》，图右上方为《浮石赵氏诗文存》，图右下方为《浮石三音字典》（宋旭民拍摄于2023年9月13日）

《浮石赵氏诗文存》分为经解艺文类、序记类、书札类、诗歌类、杂录类、附录，收录了从明代到现代浮石赵氏文化人的诗文代表作。在现代人编写的《台山旧诗集》《台山近百年诗选》中也收录了不少浮石诗人的诗作。在这些诗作中，不乏佳作，如在缅甸行医60余年的赵国濂，写有数百首诗，他的《忆江南》寄托了对家乡的思念之情：

浮山好，文酒会兰亭。北极凌云笼翠幕，断桥流水野花馨。缭绕万家庄。
浮山好，策杖过横梁。一路岩花香扑鼻，寒潭流水韵悠扬。遥应采樵娘。[①]

[①] 谭伯韶：《台山近百年诗选》，台山华侨书社，1996年，第277页。

侨乡出色
——台山浮石飘色的保护传承研究

《浮山月报》更是浮石文化水平的杰出代表,每期的内容丰富、文辞优美,且有不少针对乡治的政论文章,具有很强的现实意义,那些回忆家乡往事和考证浮石历史的文章,则具有很高的历史价值。在民国二十六年(1937年)的社论《元旦献辞》中,报社鼓励浮石青年,其气魄一点不亚于大报的文章,文章在开篇这样写道:

我们青年是浮石灵魂的寄托,虽然现在我们的故乡,是被豪劣劫持着,但无论如何不容我们稍卸仔肩啊!

回溯过去,我们青年与恶劣势力搏斗,次数不为不多,可是他们仍旧露着狰狞的面目,而且新的恶劣势力还有增长的状态,"道高一尺,魔高一丈"良非虚语。这足证我们的斗争是失败的,我们要图今后卷土重来,不断的准备"屡败屡战",就要找寻失败的原因。[①]

其二,浮石赵氏热衷教育事业,开办了一批高质量的学校,培养了一大批合格的学生。浮石不仅有乡办的学校,还有民间团体举办的义学,即使是在抗战的最艰难时期,全村各界也尽全力为学龄儿童提供教育的条件。《抗日战争中的浮山月报》一文有这样的回忆:

抗战期间,浮石小学、平民小学,虽然照常上课,但因种种客观原因,比如家庭经济困难,学校班额限制,和因战争影响,部分原居外地的回乡避难的乡亲,儿女因之辍学者,因此仍有部分儿童不能入学。浮山月报社,为了保证这些失学儿童的文化素质,除在社内设置书报阅览室外,腾出两个地方,开办战时儿童识字班,免费入学。[②]

[①] 冰冷:《元旦献辞——给浮石青年》,《浮山月报》第二卷第6期,民国二十六年(1937年)1月,第8页,台山档案馆藏本。
[②] 赵式健:《抗日战争中的浮山月报》,《浮山月报》第87期,1987年10月,第75页,浮山月报社藏本。

其三，浮石赵氏积极保护传统技艺、习俗，让其发扬光大。最为突出的莫过于对飘色的保护与传承。在中华人民共和国成立初期，浮石赵氏3次出动飘色表演[①]，而在改革开放后，又率先整理恢复，使飘色成为在台山红极一时的表演项目。

（四）爱美

由于受到良好的传统文化熏陶，浮石赵氏的爱美特点是非常突出的。

其一，对居住环境的追求。在对乡间环境的整治上，早在民国时期就提出绿化美化浮石的理念[②]；对居住条件上也有美的追求，如修建乡村公园、华侨园林。前文已列举了描写兰溪公园的文章，小小的浮石村不仅有这个公园，还有后山公园，其景色也相当宜人：

树木苍秀，前面近景，烟火千家，畦町十里，溪水环绕，诸山朝拱，远眺则西有马山、竹脑、榴花、端山、鳌峰，及六村之乡，水则塾寨、西廊、上泽，冲菱诸河流汇而出，中对甘蔗潺海一带城廓，南有横江松岭等村，又远且及于铜鼓曹冲最高诸峰，东通崖海潭滘汇西滘而出三夹同入海。帆樯来往，沙鸟起伏，大有可观。四方贵游，每多吟眺。[③]

除了建造公园，当地人还修建园林式别墅，比如建于清道光年间的翠林馆：

---

① 据《浮石志》记述，1957年送本乡子弟参军，1958年斗山人民公社成立，1962年与驻防当地的人民解放军联欢，由琳琅剧社负责搜集旧色袍和所需的旧器材，勉强装成两架飘色参与演出。

② 现光识：《浮石乡种松缘起》，《浮山月报》第四卷第2/3期，民国二十九年（1940年）5月，第8页，台山档案馆藏本。

③ 赵国锦：《开辟后山公园深切吾乡之美育》，《浮山月报》第四卷第1期，民国二十九年（1940年）3月，第3页，台山档案馆藏本。

侨乡出色
——台山浮石飘色的保护传承研究

　　翠林的造型古色古香，又带有园林美感。有一个牌楼式的正门，门额上有"翠林"两个大字。入正门是园林，四面有围墙，中间用绿色琉璃方花砖砌墙分隔成前后两个花园，正中开个大拱门相通，拱门上写有"惠风和畅"四字。由正门经过拱门成九十度角的花径通到大厅。前园中有一个用花岗岩砌成的露天拜台，围墙四边有梯级石桥，放满盆栽的奇花异草。拜台西侧有一棵茂盛的紫薇花和一棵桃树；东侧有一棵高大的柿树，秋天，成熟鲜红的柿果挂满枝头，孩子们经过都会垂涎三尺。后园分四幅对称图景：东边石台之上筑一座假山，种有几株傲寒的观音竹，茎干节节挺直，绿叶个个倩影，颇耐人观赏。云峰层峦，级级步梯，曲曲山径，如通天台之路；雨天溪水潺潺，独会一流，绕过山下庄前，形似若耶之溪。好一幅美丽的图景。西边是砖砌花坛，花坛里山鸡旦花繁茂如林，夏日盛开，馥毓芬芳，香飘庭院，人皆赞赏。花径两旁是砖围土台，皆植有果树，东边的龙眼树影婆娑，西边的杨桃和南华李枝繁叶茂，每到黄昏，禾雀会师，吱吱喳喳，叫个不停。①

　　从这些描写可以看出，浮石人对美的追求已刻在骨子里，只要有条件就会表现出来，并成为供大众品赏的艺术品。浮石村不乏这样的建筑，觉斋（1936年由旅居越南华侨赵宗叔修建）也是这样的优秀代表。② 为此，对浮石较有了解的陈策文评价道："有幸的是浮石村人，在台山四境之内素以追寻至善至美而闻名的。"③

---

① 赵秉麟：《"翠林"的回顾》，《浮山月报》第108期，1992年12月，第64页，林丹彤藏本。
② 赵善言：《怡情谈"觉斋"乐趣忆当年》，《浮山月报》第123期，1996年9月，第29—31页，浮山月报社藏本。
③ 陈策文：《感念浮石鹤兰》，《浮山月报》第119期，1995年9月，第32页，浮山月报社藏本。

幽静的小兰亭公园（宋旭民拍摄于 2023 年 9 月 26 日）

侨乡出色
—— 台山浮石飘色的保护传承研究

其二，对文艺的爱好。浮石赵氏对曲艺非常爱好，当地有"浮石村，大戏窦"的说法。赵坚文说："懂得看大戏（粤剧），懂得评戏的人多，所以有这种说法。以前琳琅剧社一到晚上都常常响锣响鼓唱粤曲的。"① "在琳琅剧社带动下，唱粤曲代替了唱木鱼，逐渐也代替了赌纸牌、玩天九。模糊记忆中，散仔窦大多有翻得已卷了边的《新编粤曲大全》。"② 在这样的艺术氛围之下，村民也有很高的曲艺欣赏水平，出过一些有影响力的粤剧名角。如赵镜池、赵敬棠是省内戏班的演员，赵士恒、赵炳祥、赵辅安、赵炳三、赵士有、赵彦登、赵士铮等在省内戏班当乐师。③ 赵洪周也记录，东头坊有个叫赵仲平的人，曾当过戏子，艺名"新靓荣"，后来回乡中放牛。④ 可见，当时这样的人才在浮石为数不少。现时，浮石籍的音乐人才还有不少，赵朴伦、赵朴钦擅弹扬琴，赵耀新擅拉高胡，赵炳垣擅拉二胡，这几个音乐演奏技艺也很有名。⑤

这些人的水平不仅高，有的还发展成音乐世家。比如赵辅安，曾在粤剧名伶罗品超的风雅剧团当音乐员，在抗日战争时期回到家乡，在琳琅剧社演出，之后又辗转两广各地从事音乐表演。在他的教导下，其子女也进入粤剧行当工作。长子赵镜池，艺名"石燕明"，是佛山地区粤剧团的名演员。儿媳苏小妹，是粤剧团的帮旦。三子赵鸟基，曾在剧团中当击乐锣鼓手。⑥

在大批戏剧爱好者的支持下，琳琅剧社的演出水平并不低。琳琅剧社曾在裕佩公祠连演5晚，分别是《怨泪情花》《落难皇帝》《茉莉根》

---

① 2023年6月29日对赵坚文的访谈。
② 赵卫伦：《弦管声中常睇戏 浮石人真好彩》，《浮雁留声》，内部资料，2010年，第88页。
③ 赵恩普：《浮石志》，浮山月报社，1995年，第139页。
④ 赵洪周：《羊坑山睇晚牛》，《浮山月报》第103期，1991年9月，第72页，浮山月报社藏本。
⑤ 2023年9月27日对赵卓民的访谈。
⑥ 赵善言：《粤剧的一家》，《浮山月报》第82期，1985年12月，第40—41页，浮山月报社藏本。

《蝶梦垂杨》《宝剑留痕》，据说"演得技艺极为可观，无逊于大班之下，中西乐器，大小凡廿余具，互相拍和，音韵摇扬，驾乎大棚之上，观者莫不拍掌叫绝"。[①]

除了本村的剧社演出外，还会邀请外面的职业剧团来献艺。如1944年春，遇天旱求雨和北帝出游，一向热心粤剧的汉亚伯从广州请来"庆中华剧团"在戏台场盛大演出，有武生、文生镇山河、黎鹏飞，花旦李奉慈，帮旦筱茹珍，小生刘笑声，丑生蔡乃斌。[②]

正是这样浓烈的艺术氛围，培养了浮石人的爱美情结与审美情趣，让他们以更加挑剔的眼光去发现、追求和传承世间的美好事物。

四、赵氏宗族在中华人民共和国成立前举办飘色活动的条件简析

上面已对赵氏宗族的生存条件、性格特点进行了非常详细的论述，那么，这些条件与特点为何能与飘色契合呢？

（一）雄厚的宗族实力有能力支持飘色表演

飘色表演需要耗费大量的社会资源，在生产力低下的农业社会尤为显著。从上述对浮石赵氏的介绍可以看出，该宗族具有雄厚的经济实力，有充足的人口资源，这些都为飘色活动的开展提供了充分条件。试想，一个实力较弱，又充满内忧外患的宗族，是不可能有如此闲情花大量资源做这种看似无用的活动的。

---

① 堤：《琳琅社演剧筹款》，《浮石青年》第7期，民国二十二年（1933年）11月，第50页，许卫豪藏本。
② 赵卫伦：《弦管声中常睇戏 浮石人真好彩》，《浮雁留声》，内部资料，2010年，第89页。

（二）深厚的文化底蕴需要独特的文艺样式彰显

作为"宁阳礼选"之乡，具有深厚的文化底蕴，他们需要通过全方位的文化艺术展示，以彰显与其他乡村的不同。在众多岭南传统民俗事象中，飘色相对较为独特，具有显示赵氏宗族文化独特性的可能。反过来看，只有在曲艺、文学等方面都人才济济的浮石赵氏宗族，才能为飘色的展演提供各种需要的人才资源。同是有飘色展示的三社乡，由于没有戏剧社支持，飘色的样式仅仅是时髦彩衣，其独特性有所欠缺。

（三）赵氏宗族的性格特点与飘色特质契合

正如前述，浮石赵氏具有团结、感恩、崇文、爱美的性格特点。飘色是美好事物的化身，也是传统民间文化的一部分，与崇文、爱美的特点契合，这些因素决定了飘色有可能成为浮石赵氏在彰显宗族形象时的重要选择；而团结、感恩的特点又为飘色及其他传统文化的保护与传承提供了有利条件。

五、赵氏宗族在中华人民共和国成立后给予飘色的支持

赵氏宗族对飘色多有关注，在中华人民共和国成立后，仍然秉持对传统文化的热爱之情，为恢复飘色做出了不少努力。

（一）举办祭祖巡游

在中华人民共和国成立后，赵氏宗族已没有了原有的经济基础，不可能频繁地举行祭祖仪式，但仍然通过建立乡亲联谊会的方式，保证每年农历正月初六的祭祖。据现有的资料显示，1983年浮石赵氏恢复了正月初六祭祖的传统，但当年没有出动飘色。到1984年，香港乡亲发动捐款资助飘色，并议定从当年起，飘色参与祭祖活动。当时的文献记录如下：

左上图为浮石飘色在1984年参加台城春节联欢（翻拍自《浮山月报》第78期）；
右上图为1985年加拿大朋友卡洛先生与飘色合影（翻拍自《浮山月报》第85期）；
左下图为板色《平贵别窑》（翻拍自《浮山月报》第86期）；
右下图为1985年帝寿堂竣工仪式上的飘色展示（翻拍自《浮山月报》第80期）

侨乡出色
——台山浮石飘色的保护传承研究

我乡飘色是乡人一向爱好的娱乐艺术活动。八二年恢复以来，乡民众议芸生：定期举行飘色游乡；增加飘色台数；更换飘色服装饰品等。乡校首先拨材料、付工钱，再次建造飘色木架两台；美金君在港闻讯，策动旅港昆仲乐助港币一万多元，购买袍服。村心锡贤君等热心乡亲又乐捐飘色一台。内外齐心协力，商定大年初六举行飘色巡游，与乡人共庆新春。[①]

值得注意的是，此时的北极殿尚未重建，但巡游仍然按照旧例从北极殿出发，又因应时代变化，加入了诸护的行程，使整个巡游既遵循传统，又适应新的变化。从1984年至2004年的21年间，浮石赵氏每年祭祖时都出动飘色助兴，为飘色的延续提供了一定空间。据赵汝潜介绍，当时每个飘色队员给予的工钱，费用来自海内外乡亲对祭祖活动的捐献，再由联谊会发放。[②]这一做法体现了赵氏宗族在新时期对飘色保护传承的作用。

（二）大力兴办实业

浮石村是传统的农业村落，当地人依靠农业生产为生。由于拥有大量尝田，赵氏宗族获得大量田租，日子过得相对较为富足。

在中华人民共和国成立后，所有土地收归国有，赵氏宗族也失去了活动能力，取而代之的则是由全村各姓氏人员组成的村委会，延续村落事业发展的使命。这一时期所有传统民俗活动均由于各种原因而暂停，赵氏宗族或村委会与传统民俗的关系被剥离。

在改革开放后，浮石村因应国家经济政策的调整，努力发展工业，并取得了一些成绩，成为当时较为富裕的村庄。《浮山月报》对此有较为详细的记录，比如大办以芒芯为代表的手工业生产：

[①] 佚名：《大年初六飘色游乡 各方亲友云集游山》，《浮山月报》第78期，1984年1月，第15页，浮山月报社藏本。
[②] 2023年10月3日对赵汝潜的访谈。

浮东芒芯石利用以佩、云水祖祠为厂场，浮西芒芯厂以活水、恒伯、池琴等祖祠为厂场。合计两厂编织人员一百六十人，其中绝大多数是女青年、侨眷 27 人，残疾者 11 人，老干部 7 人。去年总价约三十九万九千二百九十元，纯收入一十七万一千七百九十五元。最高个人收入达一千四百六十九元，一般个人收入都达八百多元。去年两厂为原两大队提供利润四万零六百五十八元。①

除此之外，还引入资金，办起各种加工厂。直至 1993 年，浮石直属的企业"有米机、制衣厂、屠猪场、煤饼厂、五金修配厂、物资供应站、猪肉代销点、方窑砖厂、林场、小饮食店等，每年纯收入总是徘徊在二十八万元至三十万元之间"。② 这些数据表明，在 20 世纪八九十年代，浮石村的村级经济蓬勃发展，各项传统民俗活动呈现出欣欣向荣的态势。

客观而言，兴办实业为浮石留住了人口，保持了乡村的兴旺。这一状况为飘色的保护传承提供了人力、资金的支持，在一段时期内保证了飘色的有效延续。

（三）延续村落自治传统

还要特别注意的是《浮石乡自治法》，这个文本表明，浮石赵氏在很早以前已有不少约定俗成的旧例或习惯法，《浮石乡自治法》的修订主要根源于此。浮石赵氏的这一传统为村落组织的发展提供了基础，村落组织又直接推动了飘色发展，这一点将在后面详细论述。

---

① 建:《芒芯编织远销海外 浮石乡民增加收入》，《浮山月报》第 79 期，1984 年 12 月，第 7 页，浮山月报社藏本。
② 佚名:《在座谈会上健勋社长的讲话》，《浮山月报》第 112 期，1993 年 12 月，第 5 页，浮山月报社藏本。

六、小结

本章系统地介绍了浮石赵氏宗族的发展历史，以及在此种环境中培养而成的浮石赵氏团结、感恩、崇文、爱美的性格特点，分析了赵氏宗族钟情飘色的逻辑和表现。总而言之，这些因素有可能驱动浮石赵氏将飘色作为最重要的民俗事象，使之成为浮石飘色最重要的支柱。

第五章
支柱之二：浮石民间信仰

沿着上一章的思路，本章重点探讨浮石的民间信仰。民间信仰是所有传统村落与宗族的"必需品"，他们需要借助民间信仰的力量维系宗族的生存与发展，村民个体也需要借助这一力量释放生存压力、寄托生活愿景。而在众多民间信仰中，浮石人最关注的是北帝菩萨，并将北帝诞巡游作为一年最重要的日子之一。正是有了北帝信仰活动作为载体，让飘色有了一个可以充分展示其魅力的平台，并借助神灵的力量加深对飘色的印象。

一、浮石民间信仰盛行的原因

（一）内部矛盾需要民间信仰调和

前文提到，紫气堂是当地的宗法组织，但由于采用集体决策的方式，紫气堂对各公房的管理相对松散，公房内的事务主要由各公房的房长管理。而各个公房都有自己的尝产，一些公房发展得较为庞大，就会分化出小的公房，原有的公房则保留堂号，继续实际管理名下的尝产。如七世的克复堂，已在9世至11世分出9个公房，但仍共同拥有校椅楼山松

侨乡出色
——台山浮石飘色的保护传承研究

林,并定期招人往山销取松枝,所得之款按比例与招标人分成。[①]除了克复堂,还有世德堂、树德堂、光裕堂、朝光堂、均和堂、居敬堂、森玉堂、体乾堂等。

除了公房,一些里坊建成后,还会结成一个地缘组织。比如,居仁里就在立村时按里份子组成仁和堂,仁和堂类似现时的小区物业或是街道办,对所修建的房屋尺寸有规定,如果超出规定,则要进行整改。[②]这样的组织自然也会成为一个小的利益共同体,当出现里坊之间的利益纠纷时,会与其他里坊变成竞争对手。

这些房派之间、里坊之间难免会有各种各样的矛盾,成为浮石的不安定因素之一。古巴华侨赵道怀在寄给《浮山月报》的文章《几件应兴应革的事》中,就专门提到房派矛盾:

化除房界意见——吾乡封建思想,未能铲除,故房界意见亦日深,时生裂痕,此疆彼界,尔诈我虞,自私自利,吾乡乡政,不能上轨道者,论其症时,虽有多端,但房份意见,未能泯除,实为最大的原因,倘事事以一乡为前提,则房界意见,自然消灭了。[③]

对于这些涉及组织之间内部矛盾的管理,紫气堂的力量不尽如人意。如玉轩公房的管理者曾因招女招待在玉轩祖祠工作,引起当地村民的不满,并大闹玉轩祖祠,浮石协进会(浮山月报社的前身)发函请紫气堂

[①] 佚名:《克复堂松林招人销松枝》,《浮山月报》第59期,民国三十八年(1949年)2月,第17页,《近代华侨报刊大系》第六五册,第349页。
[②] 佚名:《限制建屋过高》,《浮山月报》第一卷第5期,民国二十四年(1935年)12月,第27页,台山档案馆藏本。
[③] 赵道怀:《几件应兴应革的事》,《浮山月报》第一卷第5期,民国二十四年(1935年)12月,第5—6页,台山档案馆藏本。

取缔，但最终还是靠《浮山月报》营造的社会舆论来平息了事端。[①]

在这种情况下，浮石赵氏就需要宗法组织以外的组织和活动联系族人，以缓和内部的矛盾。民间信仰就成为另一个重要的联系手段。

飘色作为北帝诞的表演项目之一，就起到了一定的调节作用。据《浮石志》记载，初时每闸设飘色一架，全乡分6个大闸（坊），共计6架；后来南平里分为上、下南平里，东头和隆平里又分设一架，共计8架。而诸护村由于是杂姓，且多是下户，没有资格出飘色，巡游队伍也不到此间。[②] 浮石赵氏将摆飘色作为一种荣誉和权利，并据为赵氏独享，既提升了宗族的地位，也增强了族人的凝聚力。与此同时，又将各公房以闸（坊）进行划分，让各闸（坊）内部团结起来，共同办好飘色。而闸（坊）之间，则通过比拼飘色竞争，用艺术的方式弱化内部矛盾。

（二）普通民众需要民间信仰安抚

"信仰是人类意识对自身生存背景、条件、历史和结局的整体审视与全面反映，是人类对自身存在与外界关系的自觉体认与主动调整，是对终极性人生目的的确认与追求。"[③] 而民间信仰则是民众为适应具体环境影响而做出的、对终极性人生目的的回应。

虽然浮石村有着较为良好的自然环境与人文环境，但对于普通个体而言，仍然面临着很多困难无法解决。他们往往难以从宗族组织中获得纾解，而只能求诸民间信仰，祈求获得神灵的保佑。这也是北帝诞能够在浮石村获得认可的主要原因。

---

① 浮石协进会：《女招待充斥乡中：本会函请乡公所严行取缔》，《浮山月报》第一卷第1期，民国二十四年（1935年）8月，第18页，台山档案馆藏本。
② 2023年6月20日对赵丁和的访谈。
③ 冯天策：《信仰简论》，《光明日报》2005年7月12日，第8版。

侨乡出色
——台山浮石飘色的保护传承研究

（三）通过神诞获得经济收入

通过举办包括北帝诞在内的神诞活动，吸引了为数众多的本村、外村村民观看，从而形成集市，在一定程度上活跃了地方经济，促使浮石成为十里八乡的商品集聚中心。与此同时，文会、北帝尝会也形成尝产，产生一定的收入；这些神庙还会通过投标的方式招租，承包给投标者，而民间信仰组织则获得承租收入。

北帝诞巡游途中，飘色队伍在活动间隙休整（黄敬然提供）

（四）培养族人的讲武精神

《浮石乡自治法》提到，举行北帝诞巡游，让"团勇整饬武备"，除了循乡人习俗之外，还有"寓春秋讲武之遗意"。[①] 由于巡游过程中，队伍要统一服饰、统一行动，而巡游又要环绕全村，历时大半天，参与者需要有一定的纪律要求和意志毅力，而参与者又多为青壮男性，使得活动具有锻炼其讲武精神的作用。

二、浮石民间信仰的表现

（一）北帝信仰

浮石有众多的神诞活动，诸如北帝诞、土地诞、大王诞、水仙诞、观音诞、医灵诞，在众多神诞中，北帝诞最受重视，其活动也最为隆重。

1. 北帝信仰来历

据赵恩普介绍，宋少帝赵昺驻跸崖山时，随身带有玉玺和北帝金像，跳海殉国时带走玉玺，而北帝金像则被赵必次带走。到四世赵宗远迁浮石时，将北帝金像带到浮石。到了清乾隆年间，当地父老感到，北帝金像为皇廷御宝，必须立庙供奉。其时，赵季锡在清乾隆六年（1741年）考取拔贡，他精于阴阳之术，族长请他为北帝庙择地，就选在现时的位置，兴建北极殿。从此，每年举办北帝诞，以飘色、舞狮等助兴。[②]

2. 北帝诞巡游

北帝诞每年农历三月初三、九月初九会在全乡巡游，另外还会三年

---

① 赵宗坛：《浮石乡自治法》，民国十五年（1926年），台城文雅图书印务，台山市博物馆藏本。
② 赵恩普：《北极殿重光》，《浮山月报》第163期，2006年12月，第44—45页，江门市图书馆藏本。

107

侨乡出色
——台山浮石飘色的保护传承研究

办一次功德（打醮）。清光绪二十九年（1903年）版《浮石赵氏族谱》对其进行了较详尽的描述：

  三月三日、九月九日，俱为北极神诞，是日父老指庙炷香拜祝，月之一日，先诣庙掷跤杯卜神出游否，若得卜，则于诞日拜祝，后具衣冠仪仗迎神巡游乡境，以少年四人花面装神将，执旗戟，俱仿庙中神像，坐肩舆，为北极神前驱，乡人老者、秀者，则衣冠奉香炉印敕，以示敬，少者、壮者则执旗帜枪械以习武，佃仆则各服其劳，又以童子彩衣装束古人物，跨高架，以数人扛之，并随神而行，自晨至暮，箫鼓人声不绝于耳。

  谨案：宋元以来，诸神之祀多出于道士之附会，所云神诞者，定是日为祀神之期耳，俗人乃以斋醮，三年一举，以子午卯酉年二月，大建则用二十八日，小建则用二十七日，遍迎境内诸神于村前开坛，用巫六人，连三日夜，供斋祈祷，醮毕则为三月三日矣。是日子时，送北极神回庙祝诞。祝毕，则迎神出游矣。①

北帝诞巡游队伍走出北极殿，穿过西北保障牌坊（一点红拍摄）

---

① 〔清〕赵天锡：《浮石赵氏族谱·杂记》，光绪二十九年（1903年）版，赵宪冲藏本。

按这个记载，以及当地老人的回忆，北帝诞巡游的程序如下：

二月二十八（或二十七）建醮（每三年一次），请北帝到村前法坛接受祭祀

三月初一（或九月初一）掷跤杯征询是否出游，之后开演神功戏至初三

三月初三（或九月初九）中午巡游乡境

三月初三下午巡游结束后进行抢花炮活动（如果遇建醮年份，抢花炮活动则提前在建醮次日举行）

三月初三晚上神功戏结束后请北帝回殿

在巡游当天，仪仗队如下：

头锣

"回避""肃静"大木牌

宫女队列

老者、秀者奉香炉印敕

由少年扮演"生口菩萨"（康元帅、赵元帅、窦元帅、邓元帅）

文北帝、武北帝

旗帜队、枪械队

醒狮队和8台飘色

在中华人民共和国成立前的北帝巡游中，飘色作为一项特色活动，一直坚持举办，增加了整个活动的吸引力。即使到了中华人民共和国成立之初，在没有外力阻止的情况下，当地仍然变换着形式举办北帝诞活动，并以此实现其他的现实目的：

109

侨乡出色
——台山浮石飘色的保护传承研究

本乡每届旧历三月三日的迷信老俗例，菩萨巡游乡境及升炮，今年适有演剧推销公债，引动了邻乡来趁热闹甚众，初四日晚上琳琅剧社总动员五十八名化装迎神，此一别开生面之举，便吸引了观众拥塞街头巷尾，笑声喧天，观众感觉十分奇观。①

左图为浩浩荡荡穿过北帝庙牌坊出发的仪仗队伍；右图为180斤的铜铸"北帝仔"被抬出庙门（台山市艺术馆提供）

3. 虔诚的信仰

由于临近海边，作为水神的北帝受到周边村落的崇拜。在中华人民共和国成立前，邻村定期会到浮石北极殿请北帝菩萨到该村巡游。在北

---

① 佚名：《新出奇样迎神，人山人海，笑声喧天》，《浮山月报》第67期，1950年3月，第15页，林丹彤藏本。

110

第五章　支柱之二：浮石民间信仰

极殿重光之后，邻村人本想延续这一传统，但浮石人拒绝了这一请求。①现时，北帝菩萨只会在三月初三在本村境内巡游。

除了游神仪式盛大之外，浮石人在拜祭中也尽显虔诚，赵洪周记录了小时候初次到北极殿参拜的情景：

> 记得十岁那年的年初二，我第一次到北帝庙上香。那天早上，我还在梦中就被妈妈叫醒，"去北界（帝）庙拜菩萨啰"。我骨碌地爬下床，匆匆地洗过脸，带着惺忪的睡眼走出家门。陪我上香的是七婆，她一手提着祭品、一手拉着我便上路了。那时，天蒙蒙亮，天际悬挂着几颗晓星，特别大、特别亮。今天是我头一次到北帝庙上香，心情既愉快又紧张。因为那里可以看到《西游记》和《封神榜》中的神将及神仙，一睹其风采可填补从故事里虚构的空白；可是一些离奇的传说，如西头某某因拔了北帝菩萨的须而病得脱光头发，村心某某因说了句对菩萨不吉利的话而当场歪了嘴等，也早已在小孩子的心灵上投下恐惧的阴影。然而，好奇心的驱使，有谁不急于一睹其神秘之地呢？时值初春，春寒料峭，峭风阵阵，使我直哆嗦……刚跨进拱门，七婆就悄声叮咛我说："阿女，到庙时不要乱说，不准乱跑。听到了么？"我马上想起了那些传说，心里一惊……里面已有三五成群的香客在虔诚地叩拜。庙祝微笑鞠躬地招呼我们，七婆立刻带着祭品走向神坛……七婆上了香，添了油，摆好祭品，叫我跪在蒲垫合手恭敬地拜菩萨。②

从这些描写可以看出，连小孩都在日常的耳濡目染中知道北帝的"神通"，并对他敬畏有加，可见当时北帝在浮石村民心目中的崇高地位。

---

① 2023年9月27日对赵卓民的访谈。
② 赵洪周：《上香北帝庙》，《浮山月报》第100期，1990年12月，第63—65页，浮山月报社藏本。

111

庄严肃穆的北极殿内景（宋旭民拍摄于 2023 年 6 月 15 日）

左图为历史悠久的"北帝仔"神像，据传为少帝昺的遗物，木质金身，现藏于北极殿内，即使在北帝诞巡游也不对外展示（宋旭民拍摄于 2023 年 9 月 30 日）；右图为工作人员为祈福者挂盘香，祈福者可在盘香附带的红纸上写上祝福语，一起悬挂，一个盘香可燃点约一个月，殿中已挂起 8 串盘香，每串挂 8 个，估计有 60 多个盘香（宋旭民拍摄于 2023 年 9 月 26 日）

而对于漂泊在外的华侨来说，北帝也是他们重要的信仰。纽约紫气堂曾从浮石北极殿请回玄天上帝殿前小令旗一支，供奉于会所的小神台上，朔望焚香。直到民国十一年（1922年），才由赵棠修在回乡时将令旗带回北极殿还神。[①]在北极殿废弃后，海外华侨回乡仍会到北极殿旧址寻找遗迹：

> 由焕常书记陪同驱车前往凌云阁和兰溪参观……（陶和君）问："北帝庙在哪个地方？"书记就带他来到北帝庙的旧址参观，只看见一座旧房屋，屋前的高台边有一对石狮挺醒目地雄视前方。[②]

由于当地人对北帝的信仰极为牢固，对北极殿也是极尽爱护，视其为神圣之所。比如在民国时，村民借去殿中的宣炉，几经周折而归还神殿；在"文化大革命"时，当地村民还冒着生命危险保护北帝神像。

> 查本乡前旅美乡侨某翁送与北极殿之宣炉一座，该物原为清宫珍贵宝器，至紫气堂某值理时，为前乡公所职员琴清翁借去，陈列其寓内供赏，详情经纪前报，最近翁哲嗣本健君，现在阳江经商，得闻此讯，特嘱其子盈俊，回乡查询此事实情，昨日并将其家所有之宣炉三座，一并携出交乡公所查认，瑞之乡长即通知前任紫气堂值理式训、琼润、雅文君等到来辨认明白，希世宝物，遂原璧归赵，现该宣炉已交出财委会清江君负责保管云。[③]

4. 北帝诞习俗

另外，在北帝诞，当地还有专门的食品，叫乌芹藤与狗虱包：

---

① 赵恩普：《浮石志》，浮山月报社，1995年，第178页。
② 佚名：《爱乡亲浓 敬祖情殷》，《浮山月报》第104期，1990年12月，第30页，浮山月报社藏本。
③ 佚名：《希世宝物原璧归赵》，《浮山月报》第53期，民国三十七年（1948年）7月，第17页，台山档案馆藏本。

侨乡出色
——台山浮石飘色的保护传承研究

说到三月三糍,谁都记得乌芹藤与狗虱包。

乌芹藤乃三月三糍之主要配料,因为乌芹藤是一种补气,补血养颜之中草药,闻说乌芹藤头给老母鸡孵过功效尤大。处于春耕大忙即将开始时期,农民们的确需要补养身体,增添力气。无怪乎有人还蒸秧尾糍哩。

狗虱包几乎成了三月三糍之代名词。名虽不雅,却也甜、咸可口,像吃饺子、炸角,还带乌芹藤药香。为何取名不雅,原因有两种说法:其一,"三月三,狗虱做糍馅",极言其多,连糍馅也混进狗虱,防不胜防;其二,"三月三,扫埋狗虱做糍馅,蚊子坐船返"。此借喻由于气候条件变化,狗虱如秋后蚱蜢,被自然淘汰,走向绝迹。吾认识偏于后者。[1]

上方为乌芹藤,左方为芋头,下方为芋头糕,是现时浮石人在三月三的应节食品(区晓霞提供)

---

[1] 赵洪周:《三月三趣谈》,《浮山月报》第84期,1986年9月,第64页,浮山月报社藏本。

第五章 支柱之二：浮石民间信仰

当地在北帝诞期间有演神功戏的习俗，吸引了为数众多的外村人前来观看：

废历三月初三日，为上帝菩萨诞辰，递年沿例于此期内聘请粤剧到乡开演，藉为酬神。本年于三月初一日开演优先声剧团，一连九套，参观者异常踊跃……演戏完毕后，子棚公所办事人员，将演戏一切之进支数目核算，查此次演戏，观众异常踊跃，闻所做戏份，男女棚板位共达一千三百余份，故进支比对，获利拾余元云。①

街上，台下万头攒动，摩肩接踵，彻夜欢闹。大概乡民怎也忘不掉神高神大的"山大佬"与面目奇丑的"监制"，《六国封相》的大戏吧。②

有时在演戏的中间还会加插电影明星、模特表演，更是让观众大呼过瘾。③

由于来观看的人多，还流传着"麻包换良口"的故事：

有位远方朋友跟浮石之亲戚来看飘色及看戏。他是穿着良口衫来的，不料天有不测之风云，骤然刮北风下大雨，此人冷得难顶，我这村民见状，马上脱下此人的良口，给他披上麻包，此人才得到暖和。④

---

① 侦探：《演戏杂讯》，《浮山月报》第二卷第9/10期，民国二十六年（1937年）5月，第27—29页，国家图书馆藏本。
② 赵洪周：《三月三趣谈》，《浮山月报》第84期，1986年9月，第64页，浮山月报社藏本。
③ 韵：《建醮与演戏》，《浮山月报》第一卷第9/10期，民国二十五年（1936年）5月，第39页，国家图书馆藏本。
④ 赵汝煦：《略忆浮石的"三月三"》，《浮山月报》第153期，2013年9月，第29页，浮山月报社藏本。

左上图为2023年浮石北帝诞的神功戏演出现场,戏台横额上书"赵卓民伉俪赞助浮石三月三北帝诞粤剧演出"字样;右上图为正专心观看演出的观众,在观众中不乏小孩子;左下图为演出宣传海报,演出剧社为鹤山市南国粤剧团,三月初三演出《花好月圆》、初四《西关顺母娇》、初五《三凤齐鸣金銮殿》;右下图为安放于剧场后面的文武北帝神像,请菩萨观赏戏剧演出(区晓霞拍摄于2023年4月23日)

5. 信仰范围

北帝信仰在浮石是全民性的，不论是赵氏还是下户，都可以参加。比如民国二十五年（1936年）的北帝建醮，最重要的榜首为赵宗坛，其余则按赵氏的公房顺序排列，接着才是其他杂姓，结榜则是周振熙。[①] 至于这个周振熙是谁，杂志报道中没有介绍，但在另一则报道中提到"西头坊下户周在明"[②]，浮石的杂姓多而小，直到1993年全浮石的周姓只有46人[③]，估计这个周振熙与周在明应该属于同一族，可以推论周振熙也可能是下户。这个安排表明，建醮虽然会讲究顺序排列，对于榜首、结榜者也有一些个人的要求，如要夫妇双全等，但村中所有人等都可以参加。

虽然北帝信仰是全民性的，但这些巡游活动则由赵姓垄断，按地域分成了"闸"这一分支机构，由闸分头安排巡游，最为突出的标志就是飘色表演。正如前述，十坊由于是杂姓，其中不少是赵姓的下户，是没有权利出飘色的，十坊的赵姓也会回到迁出的坊参加活动。而北帝巡游路线也不会到十坊。[④]

（二）其他神灵信仰

浮石村还有一座特殊的神庙，就是凌云阁。这座神庙供奉的是文昌菩萨，还有一个从外地云游到此落脚的和尚破门上人的神像。

此庙没有举办神诞活动，但具有两个特殊功能。

---

① 佚名：《建醮》，《浮山月报》第二卷第1期，民国二十五年（1936年）8月，第27页，台山档案馆藏本。
② 佚名：《周在明偷窃后山树木》，《浮山月报》第四卷第1期，民国二十九年（1940年）3月，第22页，台山档案馆藏本。
③ 赵恩普：《浮石志》，浮山月报社，1995年，第94页。
④ 2023年6月20日对赵丁和的访谈。

侨乡出色
——台山浮石飘色的保护传承研究

一是以文昌之名集结文化人。乡中士子在此结社,称为"兰溪社文会",每年九月举行诗文比赛,聘请邑中的贤达给予评定成绩,成绩优异者予以奖励。当地通过这样的方式倡导文化。

二是求雨,估计是与凌云阁位于兰溪河畔有关:

据自八月初旬大雨倾盆,冲崩溪岸,既至成灾后,直截至今,则潦去旱来,整月而无下雨,故邻近各乡,所属田畴,俱皆干涸,禾秧枯焦,一般农民,每苦天久不雨,莫不忧形于色,愁眉蹙额。于是虔心诚意,在凌云阁设坛,斋戒沐浴,朝晚叩祷,祈诸神佛,希其早赐甘霖,泽沛四国,以救将槁之禾苗,而免成灾之惨云。①

但与北帝信仰相比,其规模与影响力明显不及,普通村民对这一信仰的认可度不高。在科举制度崩溃之后,对文昌菩萨的祭祀就减少了,反而增奉了大王菩萨,后来凌云阁又被村民称作大王庙。②此时,破门上人估计也被人淡忘了。但此庙仍然负有文教的功能,据《浮石乡自治法》介绍,在国家的倡导下,民国时期兴起了举办孔圣诞,孔圣诞庆典的活动场所就在凌云阁,由"学董会同校长、教习率学生赴凌云阁孔圣像前行三鞠躬礼,致贺礼毕,率各校男女生体操队游行乡中一周"③。这样的活动与民间习俗活动已相去甚远,成为政府主导的行为。2023年,笔者到凌云阁参观时发现,重修后的凌云阁,正中一间供奉北帝菩萨,左侧一间供奉文昌菩萨和关帝菩萨,右侧一间供奉观音菩萨,庙中已经没有了破门上人和大王菩萨的位置。

---

① 佚名:《潦去旱来 田畴已成龟裂》,《浮山月报》第一卷第 2 期,民国二十四年(1935 年)9 月,第 27 页,《近代华侨报刊大系》第六五册,第 295 页。
② 赵洪周:《凌云阁的回顾》,《浮山月报》第 157 期,2005 年 6 月,第 35 页,浮山月报社藏本。
③ 赵宗坛:《浮石乡自治法》,民国十五年(1926 年),台城文雅图书印务,台山市博物馆藏本。

| 第五章　支柱之二：浮石民间信仰 |

绿树掩映中的凌云阁，庙前的"凌云阁"三字是举人赵树蕃在同治癸酉年（1873年）所题。前面的石桥名"凌云桥"，光绪版《新宁县志》有载。"云阁春晓"为浮石新十景之一（宋旭民拍摄于2023年9月26日）

除了凌云阁，其他的一些神灵祭拜活动可能在中华人民共和国成立前已消失。《浮石乡自治法》较为重视民间信仰，对北帝诞巡游、孔圣诞庆典有较详细的描述，但没有提及其他的民间信仰。另外，赵洪周在回忆儿时的趣事时，提到水仙庙，但此时的水仙庙已经荒废，更不要说水仙诞了：

水仙庙，位于田洞中。说是庙，其实只是间小屋子罢了。我没有见过水仙娘娘的神像，因为年久失修，已是破烂不堪了，但还可以容下几个人，遮风挡雨也未尝不可。[1]

---

[1] 赵洪周：《童年趣事谈》，《浮山月报》第98期，1990年9月，第69页，浮山月报社藏本。

侨乡出色
——台山浮石飘色的保护传承研究

可见，历史上浮石村的民间信仰虽然多种多样，但有一些经过时代的选择之后就式微了，只有北帝信仰一直延续，成为浮石村民最牢固的、最具代表性的民间信仰。

除了信仰本村的神灵，浮石人还会祭拜邻村神灵。民国二十六年（1937年）发生牛瘟，当地村民从冲蒌迎回大王菩萨，并在夜间行巷（巡游），以驱逐鬼魅。[①]但这种行为应该是对危急事件的应对手段，并非常态行为。

三、民间信仰组织

上述的民间信仰之所以有的能够长盛不衰，有的消失在历史长河，与是否建立起较为强有力的民间信仰组织有一定关系。从现有文献记录来看，浮石村出现过两个较为强有力的民间信仰组织，它们有自己的经济基础，有较稳定的人员组成，使其仪式得以延续。

（一）北帝尝会

为了保证北帝诞巡游和功德（打醮）的进行，形成了北帝尝产，也形成了尝会机构。尝会的收入不仅用于神诞活动，也有部分用于本村的公益事业。按照《浮石乡自治法》的规定，要全额支付修路、筑桥款，学费则要每年支付200元。[②]

（二）文会

所谓文会，是管理凌云阁的组织。为了保证奖励资金，"乡人捐赀置产，岁取其入，以为公费"[③]，形成了文会的尝产，又由此形成了以功名

[①] 佚名：《天气不和 发生牛瘟》，《浮山月报》第二卷第7期，民国二十六年（1937年）2月，第57页，许卫豪藏本。
[②] 赵宗坛：《浮石乡自治法》，民国十五年（1926年），台城文雅图书印务，台山市博物馆藏本。
[③] 〔清〕赵天锡：《浮石赵氏族谱》，光绪二十九年（1903年）版，赵宪冲藏本。

士子为准入门槛的管理机构，但他们不会直接管理庙宇，而会以投充的方式外包给其他人。在科举制度崩溃后，文会解散，但文会尝产仍然由原有的人员管理，直至中华人民共和国成立时，临时工作委员会清点全乡资产，仍然提到文会有财政收入。① 不过，由于这个组织在科举制度崩溃后已失去实际作用，诗文比赛也就停止了，至今没有恢复。

四、民间信仰中的飘色展示

相比赵氏宗族，民间信仰与飘色的依存关系更为显现与直接。在清光绪二十九年（1903年）版《浮石赵氏族谱》中，对北帝巡游中飘色表演有明确的记录，起码从清末开始，飘色已成为浮石北帝诞巡游的必备项目。

当代人回忆中华人民共和国成立前的飘色表演，也与北帝诞紧密结合：

（1）摆色是乡众喜闻乐见的、独有特色的民间文艺活动。我村过去沿乡规俗例，每年农历三月三日及九月九，都有摆色。每逢此盛会，四乡亲朋赶来参观。人山人海，可见人心所好。

据说，我村摆色是始于光绪十四年间。初时，全村分为六大闸，每闸出一架：一闸西头，二闸村心，三闸民表，四闸东头、隆平里，五闸上、下南平里，六闸大墩、灶背。后来下南平里、隆平里又各摆色一架，共有八架。当时扮演的色目是：嫦娥奔月、童子拜观音、双阳公主会狄青、吕布与貂蝉、佳偶兵戎、拦江截斗、五郎救弟、过江招亲等。剧目两三年间更换一次，名称也各有不同。

---

① 赵连宝：《浮石乡临委会施政工作报告》，《浮山月报》第68期，1950年5月，第32页，林丹彤藏本。

侨乡出色
——台山浮石飘色的保护传承研究

摆色要逼真动人。要根据剧目情节，选好扮演对象（色仔）。如饰嫦娥奔月的嫦娥，要选一个脸长秀丽，姿态娉婷的女孩；饰拦江截斗的赵子龙，要选一个面貌俊秀、身体强健、精神奕奕的男孩。同时要选好配角。此外，还要扮出角色的特点。

扮饰师傅，近数十年最出色的是哑清、金波兄、宣德叔。他们经验丰富，指导得当，扮演逼真，摇摆生动，姿态自然，令人称赞不已。①

（2）三月三那天，于庙中接北帝菩萨出游，由一些乡民扮演北帝下属天神，鼓乐开路，吹吹打打，浩浩荡荡，旌旗簇拥，好不威风。跟着舞狮、飘色，环乡巡游一遍，最后回到村民戏台场（戏台全用花岗石砌成），接着祭神做功果，最后演大戏（粤剧）。那时除了本乡村民参与活动外，还有其他乡民，亲戚朋友都来观看。街上，台下万头攒动，摩肩接踵，彻夜欢闹。②

（3）是日乡中父老及秀者均礼帽、长衫、短褂，穿戴整齐，前往庙中迎接北帝神出游。游乡队伍，堪与古代帝王出行相伯仲，红鼓铜锣开道，肃静、回避高脚牌随其后，接着，就是由四位少年化装成赵、康、窦、温四大神将，手持斧钺为护卫，此时，端坐在四人大轿里的北帝神像，在黄缎罗伞、大旗及手提吊炉或印敕的父老及秀者的簇拥下才起步离庙，挨次巡游乡境。此外，还有各坊飘色、瑞狮及少壮武团为殿后。为此，自晨至午，锣鼓喧天；绿女红男，骈肩夹道，均以一睹为快。走亲戚者，闻名而来者，更是潮涌而至，熙熙攘攘，别有情趣，叫人回味无穷。③

（4）抗战胜利之明年，乘浮石例行于三月初三举行飘色大游行盛典，霞路宗房组织庞大，旌旗仪仗，鼓乐齐全于三月初二日乘汽车到达斗山墟

---

① 赵策：《漫谈摆色》，《浮山月报》第75期，1982年2月，第33页，浮山月报社藏本。
② 赵洪周：《三月三趣谈》，《浮山月报》第84期，1986年9月，第63页，浮山月报社藏本。
③ 赵秉麟：《北帝庙的回顾》，《浮山月报》第99期，1990年9月，第69—72页，浮山月报社藏本。

北车站；浮石欢迎队列排列于墟南公路两旁，气氛浓烈，至壮至重！是日也，适逢斗山墟期，探亲队列浩浩荡荡通过墟中，震动人心。而最吸引人惊奇的是队列中八音乐手俱把手中弦乐放置头上背目弹拉，其声悠扬，独擅特色！于是霞路宗亲前临浮石参加三月三日大庆典大游行。①

这几则记述分别出自赵策、赵洪周、赵秉麟、赵尚贤4位老人在20世纪八九十年代的回忆，所记述的主要是北帝诞巡游，都无一例外地提到飘色，并作为巡游的一大亮点。在这些描写中，也透露出几个特点。

其一，北帝诞巡游是多种传统民俗活动共同参与，包括舞狮、飘色、八音、武术等，还有各式的仪仗队。但飘色是其中最为突出的，给观众留下了深刻的印象。

其二，北帝诞巡游是一个重大节日，不仅是本村，连十里八乡的信众也来参加，其影响力较大，对浮石飘色在台山传播发挥了重大作用。

其三，北帝诞巡游也是本族力量展示的重要渠道，在太平时期往往要大搞，而到了困难时期，如抗战期间，则可能取消。这就使得飘色表演不能常态化举办，这也更加显示了这种表演的新奇感。

不过，值得注意的是，在现时能够查阅到的民国时期的《浮山月报》中，几乎没有提及飘色活动，常常只以"种种式式、五花八门、应有尽有，令人目不暇瞧"②字样描述。本书猜测，之所以出现这种情况，应与当时的写作者没有认识到飘色的独特性与价值有关，但这种个人的认识不能否定参观巡游活动的信众对飘色的认可度。

---

① 赵尚贤：《浮霞一家亲》，《浮山月报》第103期，1991年9月，第67—68页，浮山月报社藏本。
② 探：《演戏杂讯》，《浮山月报》第二卷第9/10期，民国二十六年（1937年）5月，第27页，国家图书馆藏本。

侨乡出色
——台山浮石飘色的保护传承研究

图中前方板色为《仙女散花》，色女在巡游中抛撒彩纸做的仙花与观众互动（邱彤红提供）

五、小结

在浮石村民看来，虽然有多样的民间信仰，但北帝信仰是其中最重要的一项，受到全体村民的崇拜，其神诞活动也最为盛大，影响力扩展到十里八乡。通过神诞活动的举办，能起到集聚全村力量、寄托村民祝愿、获得经济收入、扩大村落影响的作用。而飘色作为其中一项助兴项目，进一步凸显了北帝诞巡游的吸引力，给信众留下了深刻印象。这一因素有可能驱动飘色成为当地村民最关注的民俗事象。

第六章
支柱之三：浮石村落组织

前面提到了浮石赵氏的宗法组织与民间信仰组织，除此之外，浮石还有文教组织、旅外组织等新兴村落组织（所谓新兴，是就当时而言），都对浮石的文化建设发挥了积极作用。正是有了这样的基础，才为浮石飘色的复活提供了支撑。因此，这些村落组织也是浮石飘色重要的支柱之一。本章就系统地介绍浮石的村落组织，以及它对浮石飘色的支持。

一、中华人民共和国成立前开办的村落组织

（一）文教类

1. 浮山月报社

在所有的文教类组织中，最为重要的莫过于浮山月报社。在《浮山月报》创刊前，当地曾先后出现三种刊物，包括由居乡青年办的《浮石钟社》月刊、由旅穗学生办的《浮龙集志》、由留台山青年办的《浮石青年》。后来，三股势力合流为浮山月报社，创办《浮山月报》。《浮山月报》自1935年创刊，曾4次停刊，又顽强地复刊，即使在抗日战争时期，在条件许可时仍然坚持出版。浮山月报社聚集了浮石大部分的先进青年力量，形成了强大的舆论，影响了乡公所的施政。

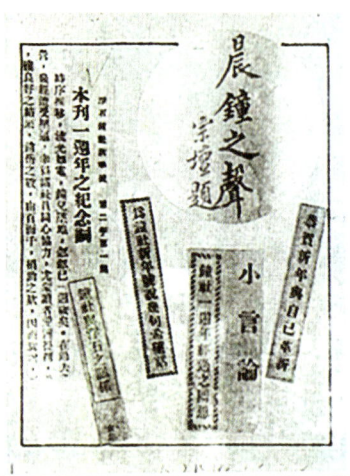

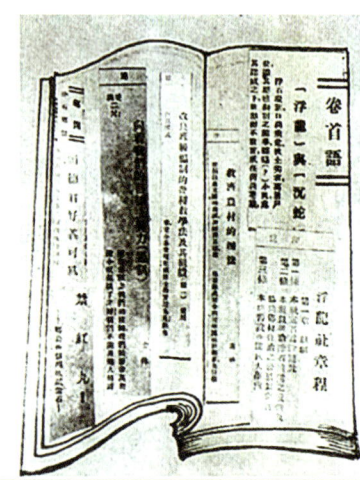

侨乡出色
——台山浮石飘色的保护传承研究

左上图为《浮石钟社》内页，右上图为《浮龙集志》内页（翻拍自《浮山月报》第87期）；下图依次为《浮石青年》第七、第九期，《浮山月报》第二卷第7期，其中"浮山月报"4字为于右任题，并一直沿用至今（宋旭民拍摄于2023年9月12日）

2. 华利磨学会

学会由旅穗、台城学子在1919年创办，主要是倡导排球运动（"华利磨"是排球的英文发音），成立了台山最早的乡村排球队，使浮石排球水平一直处于台山的上游行列。之后又办起平民义学，学生免收学费，所有费用由海内外乡亲捐助。学校一直持续办到中华人民共和国成立之初，为当地的贫困子弟提供了教育机会，后并入浮石小学，这一组织也就自然消亡。

值得注意的是，华利磨学会的64位成员中，有26人同为浮山月报社社员，7人担任过平民学校校长，2人担任过浮石中心学校校长。

3. 中心学校校董会

在科举时代，当地的教育主要以私塾为主。在新式教育推行后，当地有识之士为了培养人才，把各个私塾整合成浮石中心学校。中心学校校董会的成员必须具有中等教育以上学历，才拥有被选举权，这一组织可以看作科举时代文会的延续。校董会的最大权力是选举中心学校校长，作为浮石乡最高学府的长官，这一职位还是有一定吸引力的，所以校董会的成员虽然不是长期居乡，但他们却有至关重要的选举权，选举过程常常惊涛骇浪。比如，在1949年2月的校长选举中，有三个人选相互竞争，最终由获得"浮石三老"支持的赵士浩获胜。[①]

这一组织在中华人民共和国成立后，随着学校归并为政府管理而消亡。改革开放后，浮石学校再次成立校董会，但主要负责的是为学校建设筹款之事，校长、教师的聘任已不在职权之内了。

4. 琳琅剧社

当地有"浮石村，大戏窦"的说法，可见爱好曲艺的人很多。在此基础上，1935年成立琳琅剧社。这一组织相对较为纯粹，是一群粤剧爱好者结成的组织，主要从事粤剧表演，以丰富乡间的文娱生活。早期成员21人，20世纪40年代又吸收了13人，这些成员都没有参加浮山月报社或华利磨学会。

[①] 赵策骏：《中心学校易长侧写》，《浮山月报》第59期，民国三十八年（1949年）2月，第29—30页，《近代华侨报刊大系》第六五册，第361—362页。

5. 阅报社

在海外华侨的资助下，各个坊建起了阅报社，定期购买书籍，管理阅报场所，以推动本坊村民的识字阅读。[①]有些实力雄厚的阅报社在后期发展为图书馆。还有青年组织读书会，利用暑期培养儿童的读书兴趣。[②]

6. 美术研究社

1936年，由赵一燕、赵少杰发起倡议，集合了10余人，组织起美术研究社。该组织具有商业性质，"接绘油炭相画及美术招牌广告等"[③]。但这一组织之后就没有了信息，在《浮山月报》《浮石志》中都没有记录，此后也没有恢复。

（二）旅外类

1. 纽约赵紫气堂

作为侨乡，浮石村有为数众多的海外乡亲，他们主要聚居在美、加，而纽约赵紫气堂是其中最重要的、以浮石村人为召集对象的侨团组织。据耆老回忆，该组织最迟应在清光绪九年（1883年）成立。该组织的活动一直没有间断，并对家乡的建设贡献了巨大的力量，特别是赵加顿，他原是浮山月报社的发起人兼第一任社长，之后移居美国，并成为纽约赵紫气堂的主席。在他的带领下，纽约赵紫气堂为家乡的重要工作，如复办侨刊、编写村志，发挥了重要作用。

---

① 佚名：《各坊阅书报处纷纷成立》，《浮山月报》第二卷第6期，民国二十六年（1937年）1月，第32—33页，台山档案馆藏本。
② 佚名：《开办暑期儿童讲习班》，《浮山月报》第四卷第1期，民国二十九年（1940年）3月，第22页，台山档案馆藏本。
③ 游：《有志青年组织漫幻画社》，《浮山月报》第一卷第11期，民国二十五年（1936年）6月，第32页，国家图书馆藏本。

| 第六章　支柱之三：浮石村落组织 |

左上图为2010年纽约赵紫气堂春宴留影（翻拍自《浮山月报》第176期封面）；

右上图为2018年广州浮石乡亲联谊会聚会（赵沃权提供）；

左下图为2023年台城浮石乡亲联谊会追月晚会①；

右下图为该追月晚会宴会门口，左边为礼仪队，右边为捐款签到台。据赵景柏介绍，每年的台城浮石乡亲联谊会追月晚会、美国纽约赵紫气堂春宴、广州浮石乡亲联谊会春宴都专门设置了浮山月报的捐款台，方便乡亲们捐款②（宋旭民拍摄于2023年9月30日）

---

① 2023年台城浮石乡亲联谊会追月晚会宴开69席，除了台城的浮石乡亲外，还邀请了广州浮石乡亲联谊会、佛山浮石乡亲联谊会、霞路宗亲、斗山镇府、浮山月报社、浮石小学、任远中学等团体单位的代表参加。据说，以往最兴盛时，追月晚会曾开过100席。晚会上，除了相关领导致辞外，还有中奖率很高的抽奖。

② 2023年9月26日对赵景柏的访谈。

131

2. 留穗浮石同乡联谊会

该会成立于民国三十七年（1948年）。在1948年至1951年，以及1955年至1956年，该会担负起编辑印刷《浮山月报》的重任。后来，组织停顿消亡。

3. 龙冈公所

这是由台山、开平一带的刘、关、张、赵四姓联合组成的联宗组织[1]，呼应三国时期的刘备、关羽、张飞、赵云等历史人物，并以之为崇拜对象。龙冈公所的总部设在开平水口，在台山公益、广海等地也设有分支，之后随着华侨扩展到海外，据说在海外有143个组织机构。[2] 这一组织最大的作用是联谊四姓人员，以扩大本宗族的影响力。

（三）其他组织

除了以上的组织分类之外，还有一些不同类别的组织。

牛会，这是当地村民的牛只互助组织，属于农业生产的合作机构。徐扬杰认为，这种协作是明清以来在村落中普遍流行的一种良好的社会习俗，曾经起过推动生产力向前发展的作用。[3] 而在浮石，这一组织代表了广大农民的利益，还担负了部分的社会功能。比如村中某段路年久失修，该会为了牛只通行，集资将道路修复。[4] 又如上下荫围被洪水淹没，

---

[1] 台山、开平一带有不少联宗组织，如谭、谈、许、谢四姓组织的昭伦公所，雷、方、邝三姓组织的溯源堂，陈、胡、袁三姓组织的至孝笃亲公所，江、黎、何三姓组织的三益公所，司徒、薛两姓组织的凤伦堂等。

[2] 刘华：《龙冈古庙与龙冈团体》，《江门文史》第二十一辑，1991年，第50页。

[3] 徐扬杰：《宋明家族制度史论》，北京：中华书局，1995年，第331页。

[4] 佚名：《牛会一善举 修路利行人》，《浮山月报》第64期，民国三十八年（1949年）8月，第17页，《近代华侨报刊大系》第六五册，第504页。

也是由牛会发动农民将窦板搬去，帮助洪水退去。①这个组织后来还发展成农会，形成了该村一股重要的力量。

国技团，据《浮山月报》记录，西头、大墩、南平里、民表等坊都有国技团，主要从事舞狮、武术训练，常在元旦等节庆活动表演。②

另有不少"俱乐部"，诸如成城、和平、大德、济众、觉斋、爱国居等，都是乡中各界人士分别出入之所。比如成城，其成员多是乡中的党政要员和士绅，他们中不少是来自各坊的掌权人物，身份尊贵。③有些则纯粹是"散仔馆"④，以某个祠堂为活动基地，平日相聚消闲，并无具体的行动目标。

二、中华人民共和国成立后村落组织的恢复

（一）形成传统

通过对浮石的村落组织进行全面梳理，我们发现这个村落有着组结社团的传统，浮石赵氏会因应各种问题组成各式各样的团体，这些团体有着明确的组织目标，并以良好的运作机制实现目标。与此同时，也由于建立的团体与本乡的社会生活紧密结合，从而培养了一大批精英成员，使这些村落组织有足够的能力寻求生存空间，即使是在停顿了几十年后，一旦遇到合适时机，就马上恢复起来。这正是浮石飘色等传统文化的内在生命力的核心。

---

① 佚名：《大雨倾盘山洪暴发 上萌围又私封窦门》，《浮山月报》第64期，民国三十八年（1949年）8月，第13页，《近代华侨报刊大系》第六五册，第500页。
② 佚名：《本社发起组织大众同乐会》，《浮山月报》第二卷第8期，民国二十六年（1937年）3月，第15页，台山档案馆藏本。
③ 《五家祠的变迁》，《浮山月报》第178期，2010年9月，第20页，浮山月报社藏本。
④ 所谓"散仔馆"，就是当地的未婚青年聚合玩乐的处所，一般以祠堂为活动地点。

（二）重新组织

在中华人民共和国成立之后的一段时间内，旅外社团虽然正常在运作，但难以与国内联系。在"文化大革命"结束后，国内形势开始好转。1978年，台山县召开归侨、侨眷代表大会，学习省和中央〔1978〕第3号文件和《人民日报》《必须重视侨务工作》社论，接着成立"接待归国华侨领导小组"，解决了一批华侨的历史问题，《新宁杂志》随即复刊。[①]随着各种侨务政策的落实，浮石的海外乡亲开始回乡探访，并支持村落组织重建。

琳琅剧社在中华人民共和国成立后一直坚持活动，参与政府的宣传工作，直到"文化大革命"才停止活动。"文化大革命"结束后翌年（1977年），旅港乡亲赵羡金、赵仲田、赵锡和率先为琳琅剧社赞助了20多件戏服，还有色士风、手提琴、布幕、扬声器、狮头锣鼓等一批道具，使剧社恢复了演出活动。经过一段时间的训练，开始上台表演《白蛇传》《宝莲灯》《胡不归》等剧目。[②]

1978年，在台城工作的浮山月报社社员赵璇衡、赵集群、赵启良、赵顺安等人发起了复办《浮山月报》的座谈会。这一决定得到了海外乡亲的响应，在老社员赵加顿、赵炳炎、赵之介、赵式敏等骨干力量的大力支持下，推选赵顺金为新一任社长，将月报社址设在浮石小学。经过紧张的筹备，《浮山月报》在1982年正式复刊。在复刊号的《复刊词》中写道："复刊后的《浮山月报》，必将一如既往，成为联络海外兄弟的桥梁，为建设家乡广开言路。"[③]

---

① 《台山县华侨志》，台山侨务办公室，1992年，第25—26页。
② 煦：《琳琅剧团恢复活动》，《浮山月报》第74期，1982年1月，第18页，浮山月报社藏本。
③ 佚名：《情亲不因关山阻 笑对鹅峰话桑麻》，《浮山月报》第74期，1982年1月，第1页，浮山月报社藏本。

| 第六章　支柱之三：浮石村落组织

左上图为浮石体育协进会，又称浮石村排球协会，设在以佩赵公祠内，内部有介绍华利磨学会历史的展板；左下图为浮石灯光球场，球场铺设了塑胶地面，三面有看台，赵坚文介绍，本村在大年二十八办排球赛，连办三天，过年时再到斗山参加镇上的比赛；右图为用作浮石飘色传承基地的云水赵公祠（宋旭民拍摄于2023年9月26日）

改革开放后，浮石村重新组建了村排球队，各坊也有自己的排球队，每年春节举办乡村排球赛，各坊组队参加。1985年，在广东省体育学校任教练的乡亲赵豪松向家乡建议成立浮石体育促进会，又有部分海外乡亲向促进会捐款，使该会成为改革开放后推动排球运动发展的发动机。[①] 这一组织可以看作华利磨学会的延续，继续对当地的体育事业发挥作用。在其支持下，村排球队参加台山地区的排球赛，屡获佳绩。

另外，国内的旅外组织也得到发展，最具代表性的是广州浮石乡亲联谊会。1987年，旅居广州的乡亲发起倡议，成立广州浮石乡亲联谊会。

[①] 赵豪松：《对家乡排球运动的希望》，《浮山月报》第80期，1985年6月，第45—46页，浮山月报社藏本。

135

这一组织的财力虽不及纽约赵紫气堂，但胜在离家乡近，不少骨干经常回乡活动。如发动近百名乡亲捐款一万元，为家乡购置了垃圾运输车。①

三、村落组织发达的原因分析

（一）多方利益需协调

浮石村就是一个小社会，这个社会之中有不同的利益划分：按血缘划分，有不同公房的利益；按地缘划分，有不同里坊的利益；按社会地位划分，有不同阶层的利益；按年龄划分，又将青年一代结成一个团体，就连民间信仰，也能分出由士人主导的文会。正是有着如此纷繁细致的利益划分，不同团体为了维护自身利益，就需要结成组织，与其他团体，特别是对立团体相抗衡。

（二）结社传统较牢固

正如前面所述，《浮石乡自治法》充分显示出，浮石传统上有着较为完善的自治制度，在这些制度的实践中，又进一步鼓励了村民结成组织的意愿。他们每做一件涉及公共的事务，都愿意形成组织，制定规章，严格执行，如果发现规章不合理，就通过协商方式修订完善。《浮石乡自治法》中就记录了一个生动的例子，村中要筑陂堤，农田沿岸的村民就"做会"，并按一定的规定收费。开始是按农田距陂堤的远近分上中下三等收费，但人们觉得不够合理，当年又改作向耕牛派谷，再将耕牛使用费用提高，转到农民头上，"因户必用牛，所耕之田远近均有，不致因争远近而不塞"，完美地解决了问题。②由此可见，浮石赵氏早已习惯了结成组织，并在组织中以制度方式解决难题。

---

① 赵善言：《万元凝聚家乡情》，《浮山月报》第104期，1991年12月，第41—45页，浮山月报社藏本。
② 赵宗坛：《浮石乡自治法》，民国十五年（1926）年，台城文雅图书印务，台山市博物馆藏本。

（三）文化精英众多

结成组织不一定需要有多高的文化水平，但有了文化精英的参与，就能使这部分的村落组织影响力更大，更好地表达其诉求，浮山月报社就是一个典型的例子。浮石历来是文化之乡，村中人受教育的程度较其他地方高，使更多的村民有可能成为懂文墨之人，也就进一步提升了这些村落组织的行动力与凝聚力。这些组织有更为执着的文化信念，即使一时受到打击，待时机许可，又会再度复苏，《浮山月报》的四停四复是一个例子，改革开放后琳琅剧社等组织迅速恢复又是另一个例子。

（四）华侨力量大力支持

华侨的支持也不容小觑，他们怀着对家乡的热爱，源源不断地为家乡寄回资金、带回先进文化，有影响力的侨领，更是以献策的方式，给当地主政官提建议，促成一些常规不易办到的事情。正因如此，在改革开放后，《浮山月报》迅速复刊，在它的带动下，其他的村落组织也接连恢复，形成了一个村落组织复兴的小高潮。

四、村落组织在民国时期发挥的作用

（一）冲击了宗法组织

以浮山月报社为代表，文教类组织积极参与本村的社会活动，并以社论、新闻报道的方式抨击宗族组织的不当之处。比如，民国二十六年（1937年）的《元旦献辞》，专门鼓励浮石青年与恶劣势力斗争："回溯过去，我们青年与恶劣势力搏斗，次数不为不多，可是他们仍旧露着狰狞的面目，而且新的恶劣势力还有增长的状态……这足证我们的斗争是失败的，我们要图今后卷土重来，不断的准备'屡败屡战'。"[1] 又如在上下萌围的管理问题上，此地既是产粮区，又是咸淡水鱼虾丰产区，所有收益归紫气堂。但区别在于，农田是每年投充，为固定收入，而鱼虾则全归乡公所。而鱼虾的丰产在于咸水多，但咸水过多又会影响粮食收成。为此，乡公所有意多放咸水进围，引起了村民的不满。《浮山月报》对此进行大力抨击，通过舆论迫使乡公所顾及村民利益。[2]

但浮山月报社并非一味地反对乡政府，当政府表现出为民一面时，也予以积极配合。在1949年，当赵淡樵临危受命担任乡长时，给予热烈的赞扬，并配合乡公所首次公布财政收入情况。[3] 在面对与周边乡村因乡界而产生纠纷时，则呼吁各方冷静，避免了械斗的发生。[4]

与之相比，浮山月报社较少抨击民间信仰的事情，但也并不认为这种事情具有积极作用，这种态度促使在改革开放之后，这些精英并不急切地推动北极殿的重建，而是投入更加务实的建设工作。

（二）培养乡村人才

以华利磨学会为代表，关注乡村的教育事业。村中的浮石学校不能普及教育，华利磨学会创办的平民义学则为贫困子弟提供了教育机会。比如赵万麟回忆平民义学时说："我虽然在平民义校只读了一年半书，但学到的文化基础知识和为人的道德修养都为我在社会谋生、为人打下了

---

[1] 冰冷：《元旦献辞——给浮石青年》，《浮山月报》第二卷第6期，民国二十六年（1937年）1月，第8页，台山档案馆藏本。
[2] 赵式健：《抗日战争中的浮山月报社》，《浮山月报》第87期，1987年10月，第73—78页，浮山月报社藏本。
[3] 佚名：《编后话》，《浮山月报》第63期，民国三十八年（1949年）7月，第40页，台山档案馆藏本。
[4] 赵启良：《浮山月报迁穗继续出版概况》，《浮山月报》第87期，1987年10月，第85页，浮山月报社藏本。

坚基。"① 浮山月报社也曾办过免费小学一班,以平民义学进行补充。②

这些平民义学不仅面向赵姓子弟,对于本村的杂姓子弟也是开放的。黄棣光就回忆说:"我在平民小学读初小时……打下了一定的国语基础。也许由于这个基础,使我在台中读高三时,每班选取出五名参加佛山专区推广普通话检查团来校的应试中,我是全台山唯一获得满分的人,并使我一入大学就能全部听懂老师们的授课。"③ 可见,当时的平民义学并不是专收赵氏子弟,外姓子弟也开放招收。

(三)推动文化建设

以浮山月报社为代表,为家乡的各项建设出谋出力。比如,对于浮石的母亲河兰溪,因乡公所原有的整治不彻底,而以社论的形式为疏浚提出建议。④ 捐助当地建起了台山首批的乡村公园小兰溪公园,配合乡贤大力倡导在村中建设系纱场公园。⑤

旅外华侨组织也大力支持家乡建设,当时学校的设备已较为完备,当时的学生回忆:"四十年代的乡校,已有不少华侨捐赠,其课桌都是抽屉式的,有的四面漏空,有的三面用木板封起来,还有的四面都用木板封起,还可加锁,台面用柚木做成,坚硬美观。"⑥

除了乡村环境建设之外,村落组织更着力于文化建设。当地各坊建成了阅报社,但很多阅报社都面临资金短缺的情况。浮山月报社就向海

---

① 赵万麟:《回忆在平民义学的读书生活》,《浮山月报》第92期,1988年12月,第10—11页,浮山月报社藏本。
② 赵炳炎:《浮山月报创刊忆往》,《浮山月报》第87期,1987年10月,第58页,浮山月报社藏本。
③ 黄棣光:《求学路上》(续二),《浮山月报》第182期,2011年9月,第14—15页,浮山月报社藏本。
④ 佚名:《疏浚兰溪》,《浮山月报》第63期,民国三十八年(1949年)7月,第40页,台山档案馆藏本。
⑤ 青云:《筹辟系纱场公园志感》,《浮山月报》第二卷第1期,民国二十五年(1936年)8月,第5页,台山档案馆藏本。
⑥ 微尘:《安息吧!不患翁》,《浮山月报》第98期,1990年6月,第58—59页,浮山月报社藏本。

内外乡亲发起动员,请大家为其捐款。①浮山月报社对于本村的排球运动发展也不遗余力,每逢有比赛都进行报道,特别是在1948年赴港参加排球表演赛,更是连用几篇文章大篇幅报道了这一盛事。②通过详细的报道,颂扬排球队员的体育精神。

(四)形成良好乡风

在以往的款项管理上,旧有组织在此方面常常出现纠纷。比如,村中筹购买枪械自卫,有些人交了,有些没有交,经过几年,乡公所重提前事,再次向村民发出欠票催交,但那些已交的同样收到欠票,这些人只能拿出交钱的存根作证据。③又如公房的收支管理,也常常是"糊涂谬极",使卸任的值理无法交接。④相比起来,浮山月报社则表现出绝对的公正,每次捐助的善款都公布于杂志上,如有错漏也必在下一期予以更正,而本刊的收支也每期列明,数目精确到一分一毫。这样的办事作风深得村民和华侨的信任,华侨们有何捐款,也都愿意寄往月报社转交。通过这样的工作,逐渐改变了乡中挪用公款、搪塞推责的作风。

五、村落组织在中华人民共和国成立后发挥的作用

(一)联络海内外乡亲

纽约赵紫气堂一直坚持举办春宴聚会,也通过这一聚会发动华侨为

---

① 佚名:《各坊阁书报处纷纷成立》,《浮山月报》第二卷第6期,民国二十六年(1937年),第32—33页,台山档案馆藏本。
② 《乡球队征港载誉归来》《赵族宗亲总会招待赵家军》《漫谈征港始末》,《浮山月报》第53期,民国三十七年(1948年),第20-29页,台山档案馆藏本。
③ 佚名:《信项捐欠款问题》,《浮山月报》第二卷第8期,民国二十六年(1937年)1月,第2页,台山档案馆藏本。
④ 佚名:《忠余堂移交问题》,《浮山月报》第二卷第8期,民国二十六年(1937年)1月,第2页,台山档案馆藏本。

家乡事业捐款捐物，定期组织成员回乡探访，为家乡建设送去源源不断的支持。如在1992年举办的春宴上，与会乡亲即席为浮山月报社捐款2515美元，破了之前的纪录。①2020年至2021年，由于新冠疫情的影响，纽约赵紫气堂的春宴被迫停办，无法将乡亲们捐赠办刊的经费及时收齐转交，也使得《浮山月报》的出版面临困境。②

浮山月报社自1982年复办以来，已成为家乡与海内外乡亲联络的重要纽带。在复办初期的杂志中，月报社有意识地定下不同主题，集中力量报道家乡的人和事，如1983年第76期主要介绍家乡的经济建设，第77期主要介绍文化建设，1985年第81期主要介绍家乡和海外有成就的人物。而每期杂志专门设置了人事调查栏目，报告该季度家乡的人口变迁情况，让乡亲及时了解。

琳琅剧社在联络海内外乡亲上发挥了重要作用。每当乡亲回乡，剧社都会积极组织粤剧晚会，为乡亲提供精神食粮。③最能牵动海内外乡亲情感的莫过于具有较高艺术表现力的飘色。浮石的飘色原是各闸自行管理，在改革开放后全部划归琳琅剧社管理，在剧社的主导下，飘色再次在乡村飘起。当这些老人看到久违的飘色时，高兴地说："事隔廿多年，又看到飘色了，真快慰！"④而年轻一代也对家乡的飘色早有所闻，回乡之后特意找时间专门观摩，并拍摄成录像进行传播。⑤

---

① 赵振新：《灵猴献瑞宝 乡亲庆团圆》，《浮山月报》第105期，1992年4月，第28—29页，浮山月报社藏本。
② 纽约浮石紫气堂：《心系"月报"》，《浮山月报》第218期，2021年6月，第17页，浮山月报社藏本。
③ 佚名：《琳琅剧团举行粤剧晚会》，《浮山月报》第88期，1987年12月，第18页，浮山月报社藏本。
④ 佚名：《大年初六飘色游乡 各方亲友云集游山》，《浮山月报》第78期，1984年1月，第15—16页，浮山月报社藏本。
⑤ 微，丁，渺，凡：《眷恋家乡情》，《浮山月报》第97期，1990年3月，第42—43页，浮山月报社藏本。

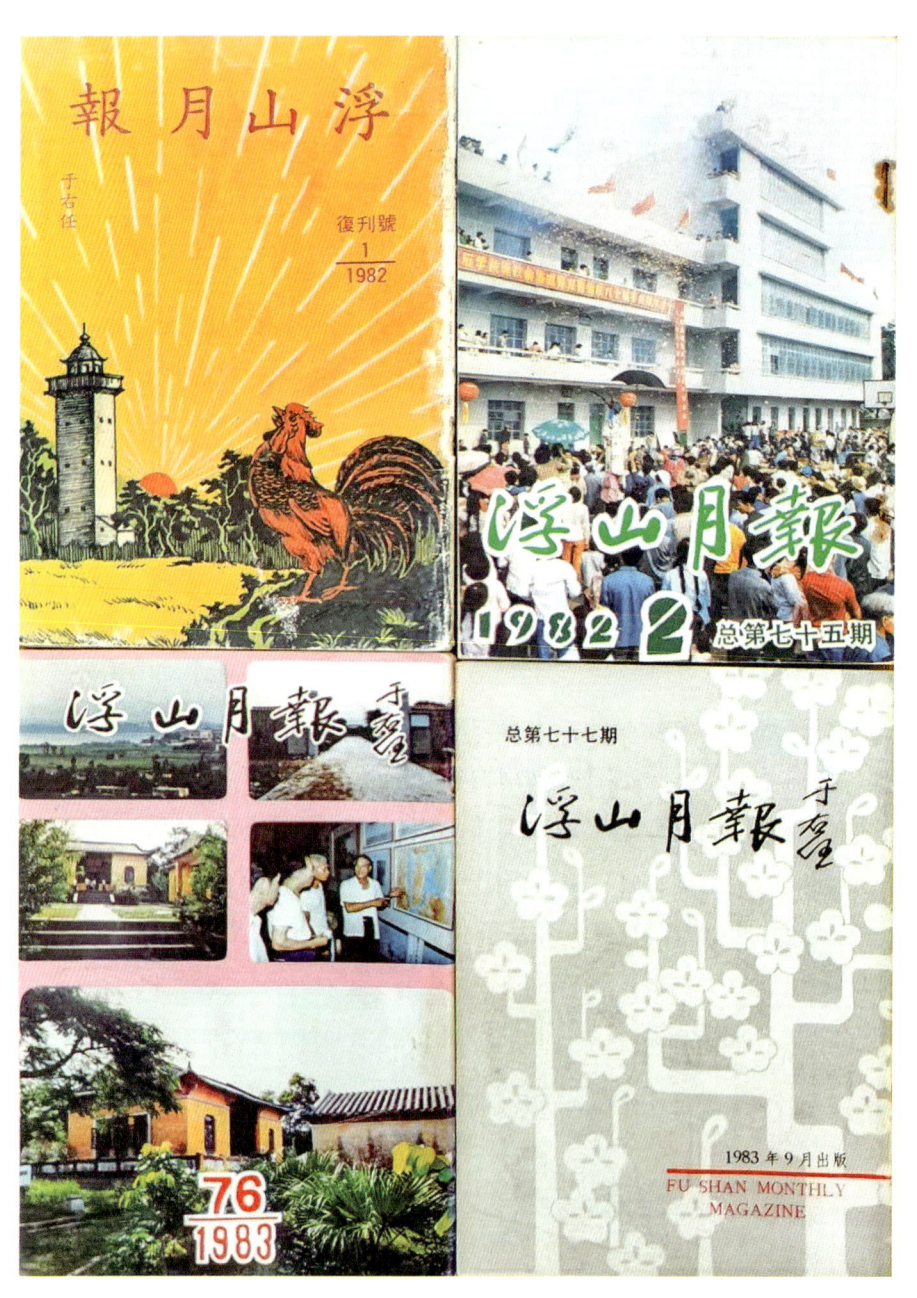

复刊后的《浮山月报》，依次为第 74、第 75、第 76、第 77 期（宋旭民拍摄于 2023 年 9 月 21 日）

（二）促进传统文化恢复

在20世纪80年代初，飘色已多年未举办，其袍饰、道具都已损毁，赵羡金、赵鼎林、赵炳炎等华侨先后捐助了袍服、道具，帮助飘色恢复运作。

琳琅剧社除了组织飘色参加本村的大年初六祭祖和三月初三北帝巡游之外，还积极对外表演。据笔者对复刊以来《浮山月报》的报道，以及台山市艺术馆提供的数据，传承人的部分记录，1982年至2023年间浮石飘色参加了95次表演，包括本村14次，台山地区（除浮石村外）40次，江门地区（除台山外）24次，江门以外地区17次。这些活动往往有经费资助，据市级传承人赵醒全介绍近年的价格为每台飘色4000元。这些商业表演有力地延续了这一传统民间技艺，琳琅剧社在其中发挥主要作用。

飘色在传统社会的载体是北帝诞巡游，但北极殿在20世纪70年代废弃，到2000年仍没有修复。由于没有北极殿，北帝诞巡游也就无从谈起。旅外乡亲组织及浮山月报社逐渐认识到北极殿的重要性，但此时再建庙已困难重重。为此，在浮山月报社的倡导下，发起在北极殿原址按原貌修建浮石文化艺术馆。在建成之后，又在各方的努力下，终于取得相关部门的批复，恢复北极殿。[①] 从2005年起，重新举办北帝诞巡游活动，使这一传统文化得以恢复。

（三）促进教育事业发展

在文教事业上，旅外类组织发挥了至关重要的作用。1982年，纽约赵紫气堂向台山县人民政府建议，将浮石小学晋名为浮石中学，之后得到海外乡亲源源不断的资助，在1985年建起了新校舍，又在1986年成立浮石中学校董会，2000年新建浮石中学。而广州浮石乡亲联谊会的赵陶烈，作为在广州的资深教育人士，从1989年开始，经常带领广州的教

---

① 佚名：《北极殿恢复原貌》，《浮山月报》第151期，2003年11月，第16页，浮山月报社藏本。

侨乡出色
——台山浮石飘色的保护传承研究

师到浮石进行教育传帮带活动，推动了家乡的教育事业发展。

（四）推动老人堂建设

鉴于浮石村老龄人口的增长，在旅外类组织和浮山月报社的共同努力下，全村各坊逐渐建起了老人堂。每个老人堂都有堂长、堂址，老人堂内的电视、棋牌、桌椅大多是华侨捐赠。而老人堂每年的春节、重阳都有活动，费用也大多来自旅外类组织的捐献。赵恩普曾对2017年的十坊老人节做了非常详细的介绍，活动中除了有表演、晚餐外，还邀请了冲蒌排球队来助兴，老人们每人收到100元的红包。[①]

左图为浮山月报社址；右图为浮山月报社现任社长赵健勋向本书作者介绍《浮山月报》题字的来历（宋旭民拍摄于2023年6月20日）

---

① 赵恩普：《浮石十坊新事多》，《浮山月报》第208期，2017年12月，第12—13页，浮山月报社藏本。

六、浮石飘色复活历程

改革开放后，飘色之所以能够迅速在浮石村恢复，与当地的村落组织能够恢复运作有很大关系。可以说，在中华人民共和国成立前，宗族与民间信仰是飘色的重要支撑，而在中华人民共和国成立后，村落组织则成为新的重要支撑。

浮石飘色的复活大致可以分成三个阶段，首先是村落组织支持恢复飘色表演，让这项技艺得到了及时的保护；其次是村落组织支持重建北极殿，为飘色恢复了在村落中展现的载体；最后是飘色表演重现北帝诞巡游，至此浮石飘色得以原汁原味的恢复。

（一）飘色表演的恢复

浮石飘色的恢复主要是在改革开放以后，关于具体时间，1995年出版的《浮石志》说是在"1984—1985年间，得到旅港、澳诸乡亲支持"而重新恢复起来。后来，浮石飘色申报国家级非遗的申报书中也沿用了这一时间表述。

其实，这一说法并不完全准确，最早的恢复时间应在1982年3月。复刊后最早提到飘色的文章在1982年6月，《浮山月报》第75期中，是由赵顺之等撰写的《杏坛添秀色 兰涧动欢声》。讲该活动是为了庆祝浮石学校新校舍第一期工程落成剪彩暨建校八十周年纪念庆典，以及裕楹桥建成剪彩，文中说：

（3月6日）四点时分，游行开始。两条雄狮开道，锣鼓喧天。两排武术队扛着十八般武器，雄壮威武。随着两座飘色——"拦江截斗""嫦娥奔月"——凌驾空中，既英武、又娇娜！地方群众没有见到摆色近廿年，年少一代只靠听人谈说，这回可见到了，男妇老少，亲朋戚友联袂奔临，万人空巷，所过大街两旁，人山人海。尾随色架，又是八位艺人化装的"八仙贺寿"，逼真生动，活灵活现。接着是学生队伍，彩旗飘扬，鼓乐喧天，男

侨乡出色
——台山浮石飘色的保护传承研究

女少先队员穿着花裙、蓝裤、白衫，手执花束，精神抖擞，活力充沛，踏着整齐的步伐前进。再接着是县、社领导，来宾及旅外乡亲，新闻记者。他们当中有的年事尊高，都不辞辛劳，徒步参加游行，乡人见之无不为之感动。夹道两旁，鼓掌迎送。殿后是琳琅剧团的八音锣鼓，弦歌娓娓，余音袅袅。

游行队伍从浮石学校校园出发，通过南平里大街，入正市，经村心，出西头，跨越兰溪，雄镇西北，到达"裕楹桥"牌楼场地参加剪彩。[1]

这次活动极大地引发了乡人对飘色的兴趣，在《浮山月报》第78期的《大年初六飘色游乡 各方亲友云集浮山》一文中写道：

是日，风和日丽，春光融融。五台飘色：《赵子龙救阿斗》、《嫦娥奔月》、《吕布与貂蝉》、《牛郎织女》、《穆桂英挂帅》，以新的姿态出现。在瑞狮、武术队、学生乐队的领引下，从西头北极殿出发，经村心、街市、民表过东头，直达诸护；绕隆平、上、下南平里，回到戏台场；稍事休息，再往灶背、大墩，巡游乡村一周，历时四个多小时。一些年事高尊，行走不便的老人，在家人搀扶下，站在巷口观看，高兴地说："事隔廿多年，又看到飘色了，真快慰！"飘色游乡的广告，招引了亲朋戚友的驾临，家家户户热闹非常，整个浮石熙熙攘攘，一片繁荣兴旺。[2]

自此，除了村外的邀请外，每年的大年初六祭始祖活动，浮石村民都会出动飘色，在村中各坊巡游，只有1996年，因为天气不好，准备好的飘色最终不能出动巡游。[3] 从首次摆色开始，活动就交由刚刚恢复运作的琳琅剧社负责，这一组织对飘色的复活发挥了核心作用。

---

[1] 赵顺之等：《杏坛添秀色 兰涧动欢声》，《浮山月报》第75期，1982年6月，第8—9页，浮山月报社藏本。

[2] 佚名：《大年初六飘色游乡 各方亲友云集浮山》，《浮山月报》第78期，1984年1月，第15—16页，浮山月报社藏本。

[3] 赵龙柱：《本乡年初六按俗例祭祖》，《浮山月报》第121期，1996年3月，第15页，浮山月报社藏本。

拦江截斗

嫦娥奔月

浮山月報
78/1984.1. FU SHAN MONTHLY MAGAZINE

左上图为1982年的板色《拦江截斗（赵子龙救阿斗）》和《嫦娥奔月》，这是改革开放后浮石飘色首次亮相（翻拍自《浮山月报》第75期）；右上图为1984年1月出版的《浮山月报》第78期封面截图，上有板色《赵子龙救阿斗》《宝莲灯》，但这里可能有个错误，就是在该期的新闻报道中列举的、仅有的5台飘色中没有《宝莲灯》板色，有可能是新闻报道出现偏差（翻拍自《浮山月报》第78期）；下图板色依次为《杨金花争帅印》《白蛇青蛇》《牛郎织女》，此时已备齐10台板色（翻拍自《浮山月报》第86期）

不过，1982年恢复时，飘色是用旧有的部件临时拼凑而成，只有零零星星的2架，队员们的表演经验也不足，展示效果并不好。到1984年，更换了全新的色袍色架，台数也由2台增至5台，表演的效果大大提升。《浮石志》的作者可能认为，这样的展示才能算是浮石飘色真正的开始吧。

（二）琳琅剧社发挥的作用

在中华人民共和国成立后，浮石村内的宗族组织基本停止活动，而琳琅剧社则与学校、妇女会联合组成浮石人民剧团，继续开展活动。这一剧团在1953年改名为"浮石文娱组"，继续从事粤剧表演。在1957年欢送本乡子弟参军时，为了营造隆重气氛，由仍然活跃又具有表演经验的琳琅剧社负责搜集已经散落的飘色用具，凑成两台飘色。这是琳琅剧社首次与飘色结合。之后在1958年斗山人民公社成立、1962年与驻防解放军联欢时，也由琳琅剧社摆色欢庆。但这项工作未成为常规性节目，到1966年琳琅剧社解散，飘色活动也随之停止。

1982年再次恢复飘色时，由于琳琅剧社有一定的经验，仍由其负责搜集材料表演。当时为了增添表演的可观性，同时恢复了地色表演，由八位艺人化装成"八仙贺寿"。自此之后，飘色成为琳琅剧社的表演项目之一。琳琅剧社又对原有的色架进行改进，使之更显巧妙。

到2000年前后，由于琳琅剧社的人员老化，越来越难以组织粤剧表演，飘色反而成为该社的常规表演项目。直到现时，剧社吸收的队员也主要以培训飘色技艺为主。

（三）北极殿的重建

在历史上，浮石飘色是为北帝诞助兴而展示的，当地会在农历三月初三的北帝诞进行巡游。而北极殿在中华人民共和国成立后至20世纪70年代被用作浮石小学，浮石小学迁出后荒废，一直没有修葺或重建，致使飘色失去了展示载体，而改为在正月初六展示。直到2005年北极殿重建，才使这一传统全部恢复。北极殿的重建则是历尽了波折。[①]

1992年春，旅美乡亲赵汝成传达了海外乡亲要求重建北极殿的意愿，并委托台城浮石同乡会进行筹备工作。但当时乡亲们的主要精力放在浮石中学和乡村道路的建设上，尚未有余力重建北极殿。

1999年10月，美国纽约、三藩市、波士顿，加拿大多伦多、温哥华，以及我国港澳台地区的乡亲再次提出重建北极殿的要求。浮石村响应各方的要求，召开筹备会议，并成立北极殿重建筹委会，发文筹款。此呼吁获得了海内外乡亲的响应，经过几年的努力，共筹得经费170多万元（但从后文对《浮山月报》的统计来看，与此数似有一定出入，可能与汇率算法不一有关）。

2001年春，浮石村召集各坊耆老开会，一致同意任命赵铮荣为北极殿重建筹委会主任，赵卓民为执行主任，筹建工作正式开始。不过，由于此时未能获得有关部门建设宗教场所的批文，只能对外声称建设浮石文化艺术馆。整个馆由本村的工程师赵羡常[②]设计。据赵卓民介绍，重建后的北极殿在格局上与原来一样，只是规模较从前稍为扩充。[③]

2003年3月，北极殿的土建工程竣工。北极殿属于宗教场所，需要向相关部门申请牌照，但村委会不能成为宗教场所的法人，经过几番协商，最终由赵卓民作为法人把牌照申请下来。

2004年秋，为了加快北极殿文物的修复、神像铸造，再次向乡亲募捐，其中包括铸造神像的60多万元。陈一林曾到浮石当知青，因表现突出当上了浮石学校的民办老师，教音乐和美术。后来考上广东人民艺术

---

① 浮山月报社二十一届社委会：《浮山月报七十周年纪庆专刊》，2006年，内部资料。
② 20世纪50年代曾在山西省设计院工作，在国家经济困难时期，响应号召退职回乡，其间曾当教师、农民，后在台山二建公司任职。
③ 2023年9月27日对赵卓民的访谈。

侨乡出色
——台山浮石飘色的保护传承研究

学院，毕业后分配到佛山工作，是高级工艺师。在他的支持下，与同伴一起，以佛山祖庙神像为原本，为浮石绘制了北极殿神像。①之后再请专业铸造厂用铜烧铸。其时，所筹的资金不能全款支付，浮石村只好以赊数的方式，先把铜像制作好，待北极殿建成后，再用香油钱逐年还款。由于神像高大，不能从正门进入，在入驻时专门拆了神像后面的墙，将神像奉入庙中，再重新砌墙。其间，向乡间征集文物，收回在"文化大革命"期间保存下来的"北帝仔"。②

重建后的北极殿，据说在乡贤的提议下定名为"北帝庙"（宋旭民拍摄于2023年9月26日）

---

① 赵兵：《广州欢乐行有感》，《浮山月报》第209期，2018年3月，第13页，浮山月报社藏本。
② 余辉：《浮石北帝仔历险记》，《浮山月报》第190期，2004年6月，第17页，浮山月报社藏本。

上图为北极殿外观;下图为北极殿前的一对石狮子,这是为数不多仍然保存至今的历史文物。清光绪二十九年(1903年)版《浮石赵氏族谱》明确说"门首列双石狮"(宋旭民拍摄于2023年9月30日)

侨乡出色
——台山浮石飘色的保护传承研究

2004年农历十二月初六,北极殿重光,并成立北极殿管理机构,由赵国球任总监,赵卓民任主任,赵耀新任常务主任。据现时留下的管理组织成员名单总表,在上报的浮石北极殿团体中,由赵卓民任会长,赵英松、赵晋豪任理事,另有会员17人。

现时北极殿聘请了4人进行日常管理,3人分两班轮流看守庙宇,1人专门负责香油钱的清点管理。还聘请清洁工1人,每天打扫全庙卫生。[①]

到2017年,利用国家下拨的经费,北极殿又进行了装修——在外墙加贴了青砖,在屋梁描上了装饰画,更显美观。

在整个重建北极殿的过程中,当地的村落组织及旅外组织发挥了积极的推动作用,使这一目标最终得以实现。为了保证庙宇的运营,又因应成立新的管理团队,这个团队对北帝诞巡游发挥了主导作用。

(四)北帝诞巡游恢复

2005年农历三月初三,浮石村首次恢复北帝诞巡游,浮石飘色成为巡游队伍中最为亮眼的表演。又按照传统在"旗杆夹"搭戏棚,邀请了雷州市粤剧团前来演戏,从三月初一演到三月初三。三月初三晚,北帝出巡完成后,神像也被抬到戏台前看戏,为整个北帝诞活动画上圆满的句号。[②]

据浮石村村委负责人赵坚文介绍,自此之后,浮石本村的飘色巡游改在三月初三,而不再在正月初六。整个巡游工作的组织和费用都由北帝庙管理团队负责,村委会只负责维护秩序,也不支出费用。[③]

每年的北帝诞巡游前,由赵卓民牵头组织,分派任务到各坊,包括各出10人作为仪仗队,人员的费用由各坊自理。另外组织村民向北帝诞

---

① 据赵英松介绍,庙中一年的香油钱约12万元,4个管理人员现时每月报酬1380元,清洁工每月报酬1500元,每月兰溪路路灯电费800元,这些费用从香油钱中支付。
② 赵钦稳:《今年"三月三",旗杆夹做大戏》,《浮山月报》第157期,2005年6月,第18—20页,浮山月报社藏本。
③ 2023年6月20日对赵坚文的访谈。

第六章　支柱之三：浮石村落组织

捐款，但近几届的诞会没再组织捐款。

据负责财务管理的赵英松介绍，北帝诞巡游费用除了接受各坊村民的捐献外，主要由庙中的香油钱负责，以2023年为例，主要包括以下明细：

抬北帝（2座），16人，每人400元，共6400元；
7个仙女仪仗，2个带队，每人300元，共2700元；
飘色8台，每台10人，每人300元，共24000元；
2头醒狮，每头10人，共10000元；（餐饮自理）
飘色人员餐费，约5000元；
戏班消夜费，约15000元；
定期更新袍服、道具费用；
历年的神功戏费用由赵卓民捐助。[①]

（五）资金资助情况

1. 对琳琅剧社的捐助

在浮石飘色恢复的过程中，海内外乡亲进行了大量捐助，本书综合《浮山月报》的记录，做了全面的统计，考虑从恢复之初起，飘色就归琳琅剧社管理，乡亲捐助给剧社的资金也会部分或全部用于飘色，本统计将琳琅剧社的捐助也计算在内，如下：

1984年3月

旅港诸昆仲、女士捐款购买饰袍、乐器，共计港币15100元。（《浮山月报》第78期）

---

① 2023年9月26日对赵英松的访谈。

侨乡出色
——台山浮石飘色的保护传承研究

1985年9月

鼎林翁捐助人民币3000元，增置飘色三台。（《浮山月报》第81期）

1989年5月

耀源君加币75元，俊培君美金25元。（《浮山月报》第93期）

1989年8月

善扬、槐湛、奕江君各港币100元，共300元。

初林君人民币30元。（《浮山月报》第94期）

1992年12月

赵士翊翁人民币200元。（《浮山月报》第108期）

1993年6月

国民君港币500元，钜土君港币200元。

振仰君、廷钜君、美环姑、柱庭夫人各港币100元，共400元。

善辉君港币50元。（《浮山月报》第110期）

1993年12月

旅港美金君伉俪港币2000元。德祥翁港币100元。启麟君港币100元。（《浮山月报》第112期）

1994年3月

旅加乡亲捐助色袍（名单略）加币550元。

赵仕翊翁、瑞和翁各捐助经费人民币200元，共400元。（《浮山月报》第113期）

1994年10月

旅台湾乡亲捐助色袍（名单略）台币14000元。

仕翊君港币500元，奕江君港币200元。

励生君港币1000元。

士律君、士铮君各港币300元，共600元。（《浮山月报》第115期）

2001年3月

旅穗乡亲：彦登200元。

佩玲、金培、汝民、李桃、汝为、陶烈各100元，共600元。（《浮山月报》第141期）

2015年4月

润林伉俪人民币200元。（《浮山月报》第196期）

2017年9月

台山文化领导单位购置四台色架、色袍赠送。

浮石飘色共收到14笔捐款，其中有5笔是非常明确给琳琅剧社购置飘色用具的，捐助以旅外乡亲为主，有一笔是台山政府机构的捐助。共计收到捐款，人民币4630元，港币20550元，25美元，550加元，新台币14000元。捐款时间分三个时段，包括20世纪80年代、20世纪80年代末至90年代初、21世纪10年代。这几个时段分别对应了飘色刚恢复、飘色开始获得各种荣誉、非遗引起社会关注的节点。这些捐款相比于乡亲对浮山月报社、学校、老人会的捐款虽然显得较少，但由于飘色表演的次数不多，每次活动的损耗不大，且有一定的劳务报酬，这样的捐款已可为飘色的发展提供必要的资金支持了。

2.对北极殿的捐助情况统计

统计《浮山月报》上刊登的"鸣谢"，从1999年至2004年的5年间，共计收到1167笔捐款，[①] 其中人民币723306.6元，70185美元，5960加元，港币185990元，捐款总额超过人民币150万元。具体如下：

1999年12月，6笔捐款：1020美元

---

① 其中有部分是以里坊捐的，里坊内部应该是由多个个体捐款，但由于《浮山月报》没有列出，只计算为一笔。

侨乡出色
——台山浮石飘色的保护传承研究

2000年3月，15笔捐款：人民币3050元，600美元

2000年6月，15笔捐款：人民币1000元，500美元，50加元，600港元

2000年9月，28笔捐款：人民币10000元，3290美元，400加元

2000年12月无捐款情况

2001年3月，115笔捐款：人民币39465.5元，340美元，3400港元

2001年6月，304笔捐款：人民币75201元，17800美元，850加元，34050港元

2001年9月，63笔捐款：人民币24060元，1510美元，41100港元

2001年12月，52笔捐款：人民币23610元，1800美元，490加元，2000港元

2002年3月，93笔捐款：人民币35690元，2530美元，170加元，2240港元

2002年6月，125笔捐款：人民币52360元，9980美元，2350加元，12200港元

2002年9月，53笔捐款：人民币8150元，7030美元，26000港元

2002年12月，28笔捐款：人民币1000元，3420美元，230加元，33700港元

2003年3月，24笔捐款：人民币1450元，1320美元，4000港元

2003年6月，8笔捐款：人民币101500元，350美元

2003年9月由于没有期刊出版，没有统计

2003年12月，4笔捐款：人民币1400元，200美元

2004年3月，80笔捐款：人民币34997元，1390美元，1120加元，11900港元

2004年6月，107笔捐款：人民币155073.1元，12505美元，100加元，

1200港元

2004年9月，23笔捐款：人民币103500元，4400美元，500港元

2004年12月，24笔捐款：人民币51800元，200美元，13100港元

5年中，2001年、2002年是第一个高潮，共计有833笔捐款，占总捐款笔数的71%，2004年是第二个高潮，共计有234笔捐款，占总捐款笔数的20%。历年捐款笔数最多的季度是2001年夏季，共有304笔捐款，捐款最多的一笔达到10万元人民币。有些群体和个人捐款不止1次，有的多达3次。但总体来说，还是以小额捐款为主，充分体现了浮石赵氏的团结精神。在捐款过程中，《浮山月报》发挥了积极的作用，既号召了乡亲参与捐款，提供了筹集捐款的有效渠道，又有力地监督了款项收入，获得了乡亲的认可。而旅外组织则有力地组织了乡亲捐款，为家乡提供源源不断的支持。

七、小结

浮石赵氏有组织村落组织的传统，并培养了一大批文化精英，他们秉持着"团结、感恩、崇文、爱美"的理念支持本村的文化事业发展。在中华人民共和国成立前，主要支持办报、排球和教育工作，对飘色缺少关注。在中华人民共和国成立后，飘色的乡土文化特征凸显出来，使这些村落组织投入越来越多的精力用于飘色的复活与推广上，成为新时代支撑飘色发展的重要力量。

第七章
浮石赵氏与飘色的相互交融

前文分别介绍了浮石赵氏的发展历史，当地民间信仰组织的作用，村落组织的发展与支持，这三根支柱为飘色在浮石的扎根提供了土壤。但是，在众多的民俗事象中，为什么浮石赵氏对飘色情有独钟呢？本书认为，宗族的生存发展是广东传统村落面临的重大问题，也是他们开展民俗活动的主要动力，必须从不同的宗族发展情况来具体分析他们选择的内在逻辑，这也是理解广东传统民俗事象的钥匙。因此，本章先列举江门五邑主要的传统民俗事象，并从宗族的角度逐个分析他们的作用，再对比分析浮石赵氏对飘色情有独钟的原因。接着再探讨三根支柱与飘色之间的互动关系，以此揭示经过历史的积淀，它们之间已形成相互融合、相互支持的关系。

图中板色为《仙姬送子》，工作人员正在给色仔、色女整妆（台山市艺术馆提供）

侨乡出色
——台山浮石飘色的保护传承研究

一、对江门五邑主要民俗事象的选择逻辑分析

江门五邑[①]是广府区域的重要组成部分，呈现的民俗事象基本包含了广府民俗的主要样式。但是，如何在其中选取有代表性的民俗事象进行比较研究呢？本书以所获得的非遗称号等级为主要选择标准，选取了泮村灯会、荷塘纱龙、礼乐龙舟、洪圣庙会、鹤城客家花炮庙会、鹤山狮艺、蔡李佛拳、陈山香火龙、汶村庙会9项，其中3项为国家级非遗，5项为广东省级非遗，1项为江门市级非遗，涵盖了庙会（灯会）、舞龙、舞狮、龙舟、抢花炮、武术等门类，是现时江门五邑传统民俗事象的主要代表。汶村飘色是江门境内除浮石之外，唯一保存的飘色活动，虽然只是市级非遗项目，但本节也列举对比。

（一）泮村灯会与水口邝氏[②]

泮村灯会是水口邝氏在正月十三举办的庙会，将所崇拜的三个菩萨化身为三盏花灯，在全村境内巡游。该项目现为国家级非遗。

1. 水口邝氏面临的问题

泮村现时分为6个行政村，共42个自然村，村中均姓邝，现有人口一万多人，是当地的大族之一。但是，水口是四县交界之地，历来是商旅云集之地，邝氏在其中面临着不少的生存挑战问题。

（1）匪乱侵扰

水口与浮石不同，地处要冲，历来受到盗贼的侵扰，特别是在社贼

---

① 江门五邑指现时江门市下辖的新会、台山、开平、恩平、鹤山5个县市。在历史上，曾称"四邑"，不包括鹤山。西江的重要支流潭江将恩平、开平、台山、新会依次串联起来，使几地的人员交往频繁，形成较为一致的风土人情。而鹤山在清初才设县，域内有相当部分土地从新会割出，与新会也有很多联系。所以，本书以五邑地区的传统民俗为参照对象，具有一定的比较价值。

② 宋旭民：《灯与会——开平泮村灯会的现代解读》，上海：上海交通大学出版社，2017年。

第七章 浮石赵氏与飘色的相互交融

之乱、黄萧养之乱中受到的影响最大，不少族人因此而离开水口，另谋生计。

（2）同村竞争

泮村原为潘村，是潘氏的聚居地，邝氏作为后来者经过斗争才成为泮村的主导者，但没有将村名直接改为邝村，而在借谐音和写法的漏洞改为现名。

（3）外村竞争

来自外村的竞争更加激烈，最为突出的是与谭氏的竞争，谭氏为与邝氏竞争，在正月十四进行龙舞展示。另外，邝氏还与多个姓氏有土地纷争，有些甚至诉之官府。

（4）自然环境影响

泮村地处潭江沿岸，历来有防洪的要求，如果沿岸不能统一调度，必将侵害堤内的良田房舍。

（5）宗族不强大

邝氏在历史上不够团结，所出的功名人士不多，在当地的影响力不高。

2. 水口邝氏选择灯会的原因

（1）与谭氏错位

首先，与之有竞争关系的谭氏已选择了舞龙作为本族的标志性活动，邝氏在选择本族的标志性活动时，就必须将舞龙排除在外，又必须寻找一种能集体参与，吸引外界注意力的活动。

（2）祭祀神灵

邝氏祭祀的3个神灵为陈平、龙母、陈振，分别代表了中原文化、岭南文化和宗族文化。这几个神灵的选择都有一定的必然性，此举是要提升邝氏宗族在区域之内的地位和影响力。3位菩萨在42个自然村各自形成了小的祭祀圈，为当地村民所敬奉。

（3）举办灯会

在元宵节前后，当地有放灯的习俗，各村在村前搭灯寮，拜祭本村的神灵。这种习俗是泮村灯会的重要源头。通过灯会的举办，让全族人员都动起来，加强族人的交往。其中，扎灯、起灯、打灯都有明确的要求，必须在某村完成，这应该是某几个房派特殊地位的彰显。在巡游的过程中，由于花灯体积巨大，需要众多人员通力合作，也起到了培养族人纪律性的作用。灯会最后的打灯环节，由族人争抢花灯残件，也激发了族人上进的斗志。另外，该村游神不将神灵抬出来，而以花灯作为其化身，应该也有避免被作为淫祀行为打击的原因。

（4）附会名人

陈白沙是明代大儒，也是当地的文化名人，邝氏通过编造陈白沙创造灯会的说法，提升本族和灯会的影响力。

综上所述，水口邝氏选择灯会作为标志性活动，就能把信奉的神灵与花灯结合起来，加以附会名人传说，通过大型的游神活动提升本族影响力，同时增强本族内部的凝聚力，彰显某个房派的领导力，最终达到邝氏在当地生存发展的目的。

（二）荷塘纱龙与荷塘李氏[①]

荷塘是西江的一个小岛。李氏居于荷塘篁湾村，现有人口6000多人，是当地两个大族之一。荷塘纱龙是当地李氏的特色民俗活动，据传经过了几代人的改良而成，每次起舞要动用上百人。该族有独特的龙舞技艺，需要经过长期的训练才能表演。该项目是国家级非遗。

[①] 宋旭民：《荷塘纱龙的创造性转化与创新性发展》，北京：中国华侨出版社，2020年。

第七章 浮石赵氏与飘色的相互交融

1. 荷塘李氏面临的问题

李氏面临的最大问题就是与容氏有较深矛盾。容氏本是受到李氏的帮助才在荷塘立足，但后来的发展势头强于李氏，原李氏的一些土地也被容氏所占。两族的矛盾最终演变成械斗，其激烈程度在省内也是较少见的。最为激烈的有两次，一次在1892年，两族因灌溉水源之争而引发斗殴，经县署找两族族长、族绅调解而停息。但不久后，容氏自恃势力强大，未经李氏同意就擅自在河道上创建大闸拦水灌溉，因此再次引起械斗。两姓聚集族众上千人，各放枪炮，相互轰击，导致双方死伤多人。另一次在1926年，最初因李氏与深涌胡氏冲突，但胡氏势单，又与容氏结盟，便向容氏求援，之后胡氏退出争斗，反而变成了容、李二族的大械斗。在械斗中，除了两族各有死伤之外，还打死了国民革命军17人。①

2. 荷塘李氏选择舞龙的原因

（1）对舞龙技艺有研究

当地很多宗族都有舞龙活动，而李氏的舞龙经过历代的研究，有独特的技艺，在众多宗族中较为突出。民国时期的李育颖在日本留学，回乡后引入日本北能的制龙技术，对龙身缎彩进行改良，并在龙身添上防风蜡烛，使之在夜间舞动时更具观赏性。而独特的舞龙技艺就能提升宗族的影响力与美誉度。

（2）锻炼族人

舞龙除了需要大量人参与，还要对人员进行训练，熟记各自的舞动路线，这个过程就能很好地培养族人的纪律性与战斗力，有利于进行宗族间的争斗。如最高难度的"龙桥"，其《龙谱》记述：舞龙桥是兴奋的最高潮，也是立体花式的综合表演。它需要搭一座坚固的桥，上桥时用

---

① 徐扬杰：《宋明家族制度史论》，北京：中华书局，1995年，第278页。

"之"字反脊,速度要快,但上得要慢,在桥顶上可做戏水、椿塔、椿螺花式等,使很远的观众都能详细、清楚地看见。

(3)为祭拜活动助兴

荷塘有为数众多的神诞活动,这些活动需要各种的表演活动;而李氏宗族自身也有繁复的祭祖活动,也需要象征吉祥如意的活动增添气氛。而舞龙就能发挥这样的功能,为活动增色。当地还由此衍生出吃龙饭、钻龙肚、摘龙麟等活动,借助舞龙寄托对美好生活的希望。

综上所述,荷塘李氏选择舞龙作为其标志性活动,主要针对宗族竞争的需要,一是通过更高水平的舞技提升宗族的影响力,二是通过舞技训练提升族人的纪律性与战斗力。另外,又适应当地有较多的祭神祭祖活动,能够为活动助兴,增添吉祥气氛。

(三)礼乐龙舟与礼乐众姓氏[1]

礼乐镇传统分为9个坊,每个坊各有一条传统大龙舟,分别是桃果红、花蓝桡、九社、黄桡、红桡、天字号、七星、白桡、黑桡。其龙舟竞渡素有"水上马拉松"之称,竞赛长度最高峰时达到140千米。该项目是广东省级非遗。

1. 龙舟活动的成因

(1)各姓氏抱团发展

当地的姓氏非常分散,没有形成有绝对影响力的大族。龙舟比赛以坊为单位,将坊内各个小宗族联结在一起,并成为固定惯例,这样就能起到抱团发展的作用。这一点与其他地方由世家大族把持龙舟比赛的情况不同。

---

[1] 宋旭民:《论江门礼乐的"龙舟型社区"》,《五邑大学学报》2018年第1期。

（2）水网密布提供地利优势

龙舟比赛需要的先决条件是有较宽的河道，而河道的水流又不能太急。礼乐为沙田冲积地貌，镇内河网密布，为举办龙舟比赛提供了地利优势。当地居民擅长运舟、造舟，又为挑选扒丁提供了便利。

（3）农作劳动需要强劳动力

当地以农业生产为主，需要大量的青壮劳力，而龙舟比赛本身就是一个比拼力气的活动，加上是长达100多千米的比赛，更是对扒丁的体力、耐力有很高的要求。而这样的比赛正好能够锻炼这种生产能力，为当地的农业生产服务。

2. 礼乐选择龙舟比赛的逻辑

龙舟技能既是当地人日常生活、生产的必要技能，又是从中挑选地方精英的独特方法。而龙舟比赛则可成为融合社区的黏合剂，使坊内分散的宗族结成一体，为本坊的利益争夺提供依托。长途的竞赛又能锻炼农业劳动所需要的体力耐力，利于生产发展。因此，龙舟比赛就成为当地的不二选择。

（四）洪圣庙会与潮连众姓氏[①]

洪圣庙会是潮连当地最重要的民俗活动，该神在明万历年间由当地举人卢鹜在安徽蒙城任职时请回，由镇内各大宗族合力修建神庙，有"卢家神、区家地，李家銮舆，潘家门板"之说。自此每年洪圣诞奉神像巡游，巡游以4天为期，在全镇各宗族村落内进行，周边广州、中山等地也有信客来参拜，其过程包括投灯、巡游、迓圣、水陆爆、夜色等内容。该项目是广东省级非遗。

---

① 宋旭民：《新型城镇化进程中民俗文化传统路径创新研究——以广东江门地区为例》，《广西民族研究》2018年第1期。

1. 洪圣庙会的成因

（1）宗族的联络需要

潮连是另一个居于西江的小岛，紧邻荷塘。岛内有几个大宗族，分别是卢、区、李、潘等。宗族之间虽然偶有小矛盾，但大体较为和平，不似荷塘容李那样剑拔弩张。在这种情况下，他们也需要通过一定的机制联络各方，继续保持这种和平相处的局面。

（2）需要水神保佑

潮连被西江环绕，生产生活与水息息相关，因此当地一向信仰水神。在洪圣菩萨被请回之前，当地主要信仰的天后也是水神。但不管是什么神灵，都需要通过举办神诞活动，以提振当地各族的信心。传说曾有海盗张保仔要侵扰潮连，被神迷惑而未成，自此当地流行"不怕潮连人，最怕潮连神"之语。这一传说进一步巩固了潮连人的洪圣信仰。

（3）展示宗族实力

其中的迓圣过程就是将本族的宝物展示出来，接受洪圣菩萨的鉴赏。这虽说是让神灵鉴赏，实则是各个宗族软实力的比拼。

2. 潮连选择洪圣庙会的逻辑

洪圣信仰为当地村民提供了平安顺遂的精神寄托，而举办洪圣庙会又能为各族提供一个和平交流、增进感情的平台，同时可以用更加高雅的方式（迓圣）进行宗族的比拼。洪圣庙会成为潮连最具标志性的民俗活动。

（五）花炮庙会与鹤城客家

鹤城客家在清初才迁入鹤山，由于发展时间短，并未形成大的宗族。花炮庙会是客家人到鹤山之后向广府人学习而来，当地各村都举办花炮庙会，现有大型庙会8个，中小规模的数十个，总的参与人数超过10

万。所谓抢花炮，是在炮竹中放入特别制作的炮头，放置在炮架之上，向天空燃放，炮头不定向地飞往某个区域，再由预先组织好的群体进行争抢，群体成员要冲破重重阻挡，将炮头送至神灵前叩头才算最终获得炮头。它往往是庙会活动的一个内容，而鹤城客家花炮庙会更是将它作为庙会的主要内容。该项目是广东省级非遗。

1. 鹤城客家面临的问题

鹤城客家与当地的广府人一直有矛盾，而在土客械斗之后，这种矛盾虽在表面上得到解决，但仍然留在双方族群的心中。[①]珠江三角洲很多地方在中华人民共和国成立前都有土客不能通婚的潜在规则。鹤城客家族群被周围的广府人族群包围，如何增强内在的团结，以对抗广府族群，成为他们生存下去的首要任务。

2. 花炮庙会的成因

（1）联络作用

花炮庙会具有联络各宗族、各村落的作用，这种功能对客家至关重要，能够确保他们通过联合形成更强的实力，与周边广府族群的实力大致平衡。在改革开放后复办民俗活动，很多地方的花炮庙会因为禁止抢炮而难以为继，鹤城的花炮庙会虽然不抢炮，但仍然办得红红火火，可见联络作用是这一民俗的重要功能。

（2）商品交流作用

当地各个乡村的交通较为闭塞，庙会的举办能够集聚人气，并吸引商家前来摆摊，发挥商品交流的作用。

---

① 就如前面提到的浮石赵氏，他们的良田被逼与客家族群置换，受到严重损失，这种伤痛造成了较大的伤痕。

（3）锻炼战斗力

花炮庙会的重头戏是抢花炮，抢花炮需要各个参赛队伍有较强的组织力与争抢力，这也能在一定程度上锻炼各个村落的战斗力。

3. 鹤城客家选择花炮庙会的逻辑

相比起其他民俗活动，花炮庙会更加适合鹤城客家，主要是因为能以神灵的名义联络各村的感情，达成松散的联盟，与广府族群抗衡。而抢炮又具有非常强的实战性，开展过程就是一次小型械斗的演练。这对于增强客家族群的生存信心、展示战斗实力都极有帮助。

（六）鹤山狮艺与鹤山众姓氏

鹤山狮艺，是本土民间文化艺术中的一块瑰宝。南国醒狮在明代起源于佛山，到清末，鹤山越塘人冯庚长推陈出新，创立了体系完整、特点突出的鹤山狮艺，与佛山狮艺并立，成为南狮两大派别之一。该项目是广东省级非遗。

1. 狮艺广泛传播的原因

舞狮是岭南民间重要的活动助兴方式，大小活动都会出动醒狮，各个乡村也有自己的狮队。据本书作者的田野调查，几乎所有的民俗活动都有醒狮的身影。其原因主要有三：

（1）醒狮适用性广泛

醒狮作为百兽之王，具有辟邪之意，可以吓退所有妖邪之物，为主办方带来吉祥。而舞狮伴之以锣鼓，又能非常好地营造出喜庆的氛围。

（2）参与人数相对较少

一头醒狮一般只需动用4—5人，所花费的人力物力较舞龙、飘色等少得多，容易在乡村中推广，普通人家也有经济实力支付酬劳。学习舞狮相对较容易，普通乡村只要有人懂得，就能在农闲时间传授练习。

（3）醒狮具有较强的观赏性

舞狮融入了不少武术元素，本身又创造了一整套舞步动作，以及舞蹈的仪式流程，具有较强的观赏性，在活动中可成为参与者的观赏节目。

2. 鹤山热衷狮艺的原因

而鹤山之所以热衷舞狮，主要是源于当地独特的鹤山狮艺。

（1）创造鹤山狮艺

鹤山狮艺源于当地越塘人冯庚长。冯庚长从小习武，成年后到佛山向同乡冯了性学习狮艺。由于勤奋好学，善于变化创新，冯庚长把历年来所学的少林武术、南派武术和佛山醒狮融会贯通，青出于蓝而胜于蓝，最终创出独特的鹤山狮艺，创立了鹤山派醒狮，与佛山醒狮成为代表南狮的两大派，业内将两派分别称为"鹤装狮""佛装狮"。

（2）具有独特的舞技

鹤山狮艺以狮形猫步见长，既有扎实的武功步法、高难度的采青、独特的狮头造型，还有神态逼真、千姿百态的情节表演，再配以独创的七星鼓法，是一种集娱乐性、观赏性、表演性于一体的醒狮文化。

（3）彰显地方文化

鹤山建县时间较迟，直到清初才建县，长期受到周边强县的压制，缺少文化特色。而鹤山狮艺的出现，为当地文化注入了显著特色，在冯庚长徒弟们的努力下，当地人也纷纷学习鹤山狮艺，成为当地的特色民俗事象。

（七）蔡李佛拳与京梅陈氏[1]

从非遗的分类来看，武术不属于传统民俗，但在民俗活动中，往往

---

[1] 宋旭民：《文化空间中蔡李佛拳的传承发展研究》，北京：中国华侨出版社，2022年。

侨乡出色
——台山浮石飘色的保护传承研究

离不开武术表演，而练武也常常是某个村最重要的传承活动之一。为了对比的全面性，本书将武术也作为一个对比点进行考察。该项目是国家级非遗。

1. 京梅陈氏习武的外在原因

（1）盗贼众多

背靠古兜山、面朝银洲湖，从银洲湖向南行驶不远，就能驶进南中国海。这样的地理位置就为土匪栖身提供了四大有利条件。一是远离行政中心，以当时的治理能力，政府往往鞭长莫及。二是山高林密，便于土匪藏匿，即使官兵来剿，也不容易被发现。三是靠近大海，便于逃跑，若真的打不过了，开只小船就能轻松地躲过缺少水上作战经验的官兵。四是与台山交界，新会或台山进行剿匪，只要窜过县界就可逃避了事。

（2）猛兽横行

古兜山历来猛兽众多，经常下山侵扰京梅村，成为当地一个重要的生存威胁。当地有首儿歌这样唱：

日头黄黄，老虎下床；
阿爸关门，阿妈闭窗。[①]

2. 京梅陈氏的传统

（1）大师辈出

陈姓在元代迁入后，最初聚居在长岗村，后迁到京背，与黄姓比邻而居。明止德年间，有族人中举，于是另立一村，取"京上梅花年年开"

[①] 岭南：《家乡的虎》，载《踏遍青山》，武汉：中国地质大学出版社，2014年，第55—56页。

之意，将村庄命名为"京梅"。①京梅位于古兜山脉的猪嫲山山口要冲的窄小平原之上，与崖西墟镇相望。京梅的地理位置使其首当其冲面对土匪。

正是这样的生存环境，使得当地的京梅陈姓十分注重习武。据老人家回忆，之前村民学习的是洪拳，从来就没有人敢欺负京梅的人。在这样的习武氛围的影响下，出现了一位名为陈远护的武师。此人是陈享的族叔（实际上高出三辈），据说是少林俗家弟子，师从鼎湖山庆云寺的独杖禅师。按陈享《蔡李佛技击学》序言的说法，"公之拳术名闻一时，门人以千计也"。②

相信，在这数以千计的人中，有不少是京梅陈姓的子弟，陈享就是其中一员。据陈享回忆说："其独善余，每当人静夜深，常以秘术相传授。"③正是有了陈远护的指点，才使得陈享的武术天赋得以淋漓尽致的发挥出来。以陈远护当时的水平与授徒规模来看，他完全可以像陈享一样，创立门派，并在社会上推广，但由于个人的原因，他并没有这样做，从他晚年隐居到新会圭峰山修行可以窥见一斑。那么，将两人的经历作对比，也大致可以得出一个结论，就是以京梅强大的习武传统，终究是会出武学大师的，只是依据武学大师的不同人生取向，而出现隐居与开宗立派的截然相反结局罢了。

（2）热衷习武

另外，当陈享在蔡福处学成归来之后不久，就创立了蔡李佛拳，几年后就派出大批的蔡李佛弟子到各处开馆授徒，这是蔡李佛拳得以在短时间内发扬光大的重要原因。这些弟子都是与陈享有血缘关系的，而且

---

① 江门市地名委员会、江门市国土局：《江门市地名志》，广州：广东省地图出版社，1991年，第108—111页。
② 〔清〕陈享：《蔡李佛技击学》，新会蔡李佛始祖拳会藏本。
③ 〔清〕陈享：《蔡李佛技击学》，新会蔡李佛始祖拳会藏本。

辈分很可能会比陈享高,年纪比陈享大。还有个未能得到印证的信息,那些异姓弟子还会配有陈姓女子一起派往授拳地(如陈大女、陈兰姑、陈金珠、陈金玉等),这些陈姓女子有可能是婚配给异姓弟子的出嫁女。而据五代嫡传陈永建介绍,陈享的妹妹陈宝姑嫁里邻村,其功夫也十分了得,在她年轻时,被邻村教头在夜晚抬一块方形大麻石拦在她家门口,意在考她的真功夫,结果第二天早上发现这石断为两截。[①]

另据省级传承人陈忠杰介绍,当时各地总馆男主外(武馆),女主内(药店)。[②] 相信还有很多族中的女性跟着到各地授拳的。之所以要开药店,就因为中国传统中,武术往往与跌打医药结合在一起,并形成了一些独特的治疗方法。女性能主理药店,说明这些女性长期受到村中医药方面的教育,已有相当基础,待陈享再把蔡福传授的医药手法在村中推广,其医术就更加精湛了。这个信息从侧面说明,京梅陈姓一直有习武的传统,村中的男女老少都会武功,再经陈享的点拨传授,就能在原有的武功基础上突飞猛进,在走江湖过程中无往而不利。

(八)陈山香火龙与陈山李氏

陈山村所在的鹤山市雅瑶镇、蓬江区棠下镇一带,很多村落都流行舞香火龙,其中以陈山香火龙最为著名。该村在农历八月举行的包括造龙、香火汇龙、沾龙气、大巡游、盘龙表演、收龙、饮龙酒等环节仪式的群众性民俗活动。香火龙用大竹筒扎龙头、龙身骨架,再用山草和蕉树皮等包扎,龙头插香3500支,龙尾插香1500支,龙头长约5米,龙尾长约6米,龙身全长80—100米,需要上百人舞动。该项目是广东省级非遗。

---

① 2021年1月25日对陈永建的访谈。
② 2020年12月6日对陈忠杰的访谈。

1. 历史渊源

陈山香火龙习俗文化活动是老祖宗从原迁地中原地区传承下来的信仰和习俗，它源于纪念其远祖西平王李晟用"火龙阵"打败叛逆朱泚的历史功勋。李銮第八世孙子李周于南宋咸淳年间到陈山定居，族人为了纪念祖先的丰功伟绩而将香火龙作为节庆的活动来举办。

2. 选择香火龙的原因

（1）宗族斗争的需要

陈山李氏与黄洞黄氏等宗族有争夺水源、土地等矛盾，各个村落都竞相舞香火龙，但会适当错开时间。通过舞香火龙，能如纱龙一样锻炼族人的团结性与战斗力，为宗族的生存发展服务。

（2）就地取材

当地多为丘陵地区，山中有大量可以扎龙的山草和蕉树皮。扎龙过程简单易学，常常是全村人一起动手，扎龙过程也起到了团结的作用。

（3）借助龙的吉祥意头

当地人对龙极为信仰，认为是吉祥如意的象征。因此，当地有很多以龙命名的里坊，如龙头里、龙门里、龙怀里、见龙里、龙湾里、蟠龙（松园）里、回龙里等。

（九）汶村飘色

同为台山南部的汶村，也有摆色的传统。该飘色是依托当地的汶村做福（建醮）而举办。做福每10年一届，在230多年间共举办了21届，其中除本村陈氏参加，由汶村分支的陈氏，以及异姓兄弟颜氏、容氏也会派队参加，包括阳江陈氏、海宴春场（陈氏）、海宴那陵（颜氏）、海宴西壕（容氏）。本村分东阳、西康、南薰、北拱四个门，每门出4台飘色、若干台地色、1条龙，以及龙牌、凤牌、水晶牌等各式仪仗参加

侨乡出色
——台山浮石飘色的保护传承研究

巡游。

当地的色柜较浮石的大一倍左右。据当地父老介绍，以前当地的飘色会在上色的手和脚加上假肢，使之呈现夸张的效果。但现时由于色梗的高度降低，已不适合再装这类装置。同时，上色往往单独站立，没有下色配合遮掩色梗，致使其飘动的效果不如浮石飘色。

汶村做福活动更侧重于宗族的联谊，以及对仪仗的展示，飘色并没有成为其中的最大亮点。

二、浮石赵氏选择飘色的动机分析

（一）浮石赵氏对其他民俗事象的态度分析

上面罗列了几种民俗事象，并详细分析了当地人选择的逻辑。作为一方大族的浮石赵氏，几乎全部发展成为本村的传统民俗，有些活动甚至是非常隆重的，下面是一些历史文献的记录。

庙会：三月三日、九月九日，俱为北极神诞，是日父老指庙炷香拜祝，月之一日，先诣庙掷跤杯卜神出游否，若得卜，则于诞日拜祝，后具衣冠仪仗迎神巡游乡境，以少年四人花面装神将，执旗戟，俱仿庙中神像，坐肩舆，为北极神前驱，乡人老者、秀者，则衣冠奉香炉印敕，以示敬，少者、壮者则执旗帜枪械以习武，佣仆则各服其劳，又以童子彩衣装束古人物，跨高架，以数人扛之，并随神而行，自晨至暮，箫鼓人声不绝于耳。二月初二土地诞，十五日大王诞，十七日水仙诞，十九日观音诞，三月十五医灵诞，八月初二日土地诞，父老俱于是日诣坛庙拜祝。[①]

农历九月初九日，为北帝诞辰，每年循俗例迎接上帝菩萨出游，是日本乡耆老虔备衣冠，结队联赴北极殿迎接上帝出游，一时鼓乐喧天，男女

---

① 〔清〕赵天锡：《浮石赵氏族谱·杂记》，光绪二十九年（1903年）版，赵宪冲藏本。

第七章　浮石赵氏与飘色的相互交融

驻足道傍而观，甚为热闹云。①

抢花炮（当地人称为升炮）：正月初旬，各里坊迎神供灯，里有生子者，供彩灯一盏，十三日、十五日俱为正灯晚，各里坊烧巨爆，升之空中，其爆下坠，拾得者迎归人家供奉，云保一岁平安，来岁是日，以新爆送还神座，其有喜事者，众其荣之。凡境内诸神诞日，皆烧爆，多者或至数百枚。②

升炮开始，主事人一声令下，专责点炮的人，就点燃引火线，接着就是震耳欲聋的响声，塞射向高空，人们就蜂拥般奔向炮塞落下处，争接炮塞，你争我夺，状极紧张激烈。升炮有数十响，每一响都有名目，称为"正元""副元""三炮""四炮"等，这些名目，都在扎炮塞的小红布条上写明。接获炮塞的人都欢天喜地，按照名目到办事人处领取该名目的灯架神座，奉回家中安放在神台上，以祈求庇佑家宅人口平安，发财旺相。尤以得到"正元""副元"者，更视为吉祥物，众人为之庆贺，主事人派乐手吹响唢呐送之回家，极为光彩。灯架神座在家供奉时间为一年，第二年升炮时带回集中烧掉，名为"还炮"。③

舞狮：三月初三日，为上帝菩萨诞辰巡游之期，外来游客，到乡参观者，熙熙攘攘，络绎不绝。是日有热心人士，用三三同志社名义，制标数面，悬于克复堂前空地，请西头、村心、民表、东头、三里等青年国技团，舞狮表演。各该坊青年，舞狮入场夺标，均皆尚武精神，互相角逐，各尽其长以表演。是时天气晴和，旁观者摩肩接踵，鼓掌之声如雷，非常热闹云。④

西头坊青年国技团，成立于去年八月，成绩卓著，乡人早有定评。去年十二月，该团人士，特再购备新狮头一个，以为庆祝元旦之用，届时除

---

① 佚名：《九月初九上帝出游》，《浮山月报》第55期，民国三十七年（1948年）11月，第19页，台山档案馆藏本。
② 〔清〕赵天锡：《浮石赵氏族谱·杂记》，光绪二十九年（1903年）版，赵宪冲藏本。
③ 赵恩普：《浮石志》，浮山月报社，1995年，第111页。
④ 佚名：《建醮与演戏》，《浮山月报》第一卷第9/10期，民国二十五年（1936年）5月，第38—39页，国家图书馆藏本。

侨乡出色
——台山浮石飘色的保护传承研究

往各坊夺标外,并在该坊轮斗庆祝,一时锣鼓之声齐响,震耳欲聋,观众踊跃非常,均皆称赞舞技纯熟,出神入化云云。[1]

瑞狮抢标成为最热闹的场面……瑞狮随着锣鼓起舞,爬上高高的标柱,在一连炸开的鞭炮间翻腾,使人眼花目眩。只见它忽上忽下,忽左忽右,时而眨眼,时而晃脑,动若雄兔扑朔,静若雌兔迷离,充分显示其舞狮之绝艺,煞是好。抢标完后即设武档,舞刀剑,耍枪棍,打拳弄耙。最有特色的是舞锄头与长凳,独演对拆,使人目不暇接。[2]

扎狮:大墩坊扩传伯(即敬伯),以擅长扎狮头而著称。他扎作的狮头也是仿照我省通常采用的"灯色扎作"工艺;狮面以拟人化的装饰美,分为"关公面"(红面白须)、"张飞面"(黑面黑须短眉)、"刘备面"(黄面白须)几种造型;狮身用宽四尺,长丈余的缝有各式图案的狮被。舞狮头摆狮被由两个强壮的有体力和艺术才能的大汉,一前一后起舞,他们要熟悉掌握狮子的睡、歇、窜、扑、腾、跳等动作,表现勇猛、灵巧、威武、乐于嬉戏的性格特点,前后配合,才能舞得逼真动人。舞狮时,还有一至两个戴着假面具,手持大葵扇,穿着阔袍大袖的大头佛在前面有趣地逗诱狮子,令人发笑。[3]

武术:石城公名彦统,膂力过人,手运夹叉四十余斤。康熙间,浮石之东有钟吉生,西有伍茂桂,剽掠乡里。公募乡勇筑垒堡,为一方保障,乡邻或谢以金,不受。后官广州,出海捕贼,遇莘村李绥仰、绥成兄弟为贼所劫,公驶舟杀贼,绥成已死,绥仰以重赟谢,亦不受。及守顺德,马宁海寇充斥,公亲冒矢石,贼徒畏之。后归田,马宁人建庙江干以祀。[4]

---

[1] 阿锄:《瑞狮轮斗庆祝元旦》,《浮山月报》第二卷第8期,民国二十六年(1937年)3月,第21页,台山档案馆藏本。
[2] 赵洪周:《欢乐的春节》,《浮雁留声》,内部资料,2010年,第110—111页。
[3] 赵策:《舞狮》,《浮山月报》第77期,1984年1月,第49页,浮山月报社藏本。
[4] 〔清〕赵天锡:《浮石赵氏族谱·行谊记》,光绪二十九年(1903年)版,赵宪冲藏本。

第七章　浮石赵氏与飘色的相互交融

侧翼凤者，浮石东头坊武林人物也。原名赵近就。自幼体质异于常人。及长，天生神力。某日，乡人捕逃猪，力不能胜。适近就至，单手提之，百余斤似无斤两。其时适逢游僧过此，见此异之……僧遂免费收其为徒，带回四川峨眉山某寺。三年艺成。因其习武开"庄头"时常单足着地，身形侧立，双目炯然，其状如凤，因赐绰号曰"侧翼凤"焉。①

从上面的文献材料可以看出，浮石不乏这样的民俗活动，而且举办得相当盛大，将其放到其他村落，都会是重要的活动，但在浮石并没有成为赵氏的首选项目。

舞狮：这一民俗事象相对较为普遍，几乎在各个村落都有，鹤山因为机缘而将其改造成本族本地的特色。与之相比，浮石赵氏则未能创造出与众不同的舞狮技艺。因此，浮石赵氏虽然至今仍有舞狮活动，但并不被当地村民所看重。

庙会：浮石有众多的神诞活动，其中以北帝诞最为盛大。这个活动本身需要一些助兴活动，以彰显菩萨的威仪。

抢花炮：当地的北帝诞等神诞都有抢花炮活动，但这项活动较为粗俗，与当地崇文的传统相悖，在中华人民共和国成立之后，就自然消亡了。

武术：浮石村的外患相对较少，较少需要动用武力维护村落的和平。因此，当地虽然也产生了"侧翼凤"、彦统公这样的武术人物，但人们对武术的热衷度相对较弱。

另有两种民俗事象，在浮石没有举办，一是舞龙（香火龙），二是划龙舟。

至于为什么没有舞龙民俗，当地人现在也说不清楚。但当地人经常强调说，浮石赵氏是皇族之后，在村前的牌坊上还盘着金龙，这是其他

---

① 鸣鹃：《侧翼凤》，《浮山月报》第106期，1992年6月，第66页，浮山月报社藏本。

侨乡出色
——台山浮石飘色的保护传承研究

村所没有的。① 笔者猜测,由于在古代龙代表了皇权,具有至高无上的威严,当然不能将其作为娱乐方式舞动。②

龙舟活动的前提是有适合的河流。就如前述的荷塘,地处西江主河道,此河水面过阔,风浪过急,并不适合龙舟比赛,而岛内又没有形成条件较好的小河。中华人民共和国成立后,荷塘开挖了运河,曾举办过龙舟赛,后来运河淤积而停办。而浮石的兰溪河道较窄,河水流动较急,并不适合赛龙舟。海面的风浪较大,更不适合龙舟活动,随着海岸沙田的不断扩张,当地也远离海岸。

进一步说,龙舟带有龙的象征,也是浮石赵氏的禁忌。不过,当地人不扒龙舟,并不等于就不过端午节,当地过端午节最热衷到兰溪河等地洗龙舟水,以及带上应节食物到附近游山玩水,这样的节日更接近当代的公众假期。比如:

五月五日端午节,本乡往昔,家家户户,除依俗例贺节外,同时携男拖女,往兰溪沐浴(俗谓之洗龙舟水),甚为热闹,或购备肥蟹、鸭蛋,及裹粽等食物,联群结队,偕往松树山、龙岩寺,有龙则灵等处游山玩水,或则临风高歌,或则松荫听泉,雅人深致,堪称韵事。③

本年农历端午节,南平里烈志与东头坊启藩,同往后山洗澡,两人戏水,启藩不幸溺毙。④

---

① 2023年6月20日对赵健勋的访谈。
② 但同为皇族后代的三江赵氏却没有这样的禁忌,反而把舞龙作为当地最盛大的民俗活动。这种差异说明,是否舞龙没有统一的规定,而是根据本族对这一活动的理解。
③ 佚名:《苦雨凄风流端阳!》,《浮山月报》第53期,民国三十七年(1948年)7月,第13页,台山档案馆藏本。
④ 佚名:《端午节溺毙学童》,《浮山月报》第63期,民国三十八年(1949年)7月,第35页,台山档案馆藏本。

第七章 浮石赵氏与飘色的相互交融

绿树掩映中的浮石村南门牌坊，中间的主柱上分别盘着一条龙。"南门雄姿"为浮石新十景之一（宋旭民拍摄于2023年6月20日）

但这种习俗在当代也有一些变化，《浮石志》中说："现在青年人已喜欢到邻村看划龙舟比赛，对洗龙舟水已不甚重视了。"[①]

（二）热衷飘色的原因分析

相比前述的几种民俗事象，飘色更适合浮石赵氏的需求。

1. 可以体现对美的追求

飘色与前面几种民俗事象相比，最为显著的特色就是美。正如前述，它具有造型美、形象美、服饰美的特点。这种美又是柔和的，没有激烈的场面，没有紧张的情绪，也没有刚硬的气息。同时，戏剧也是浮石人的爱

---

① 赵恩普：《浮石志》，浮山月报社，1995年，第111页。

181

好，而飘色展示的正是他们在戏剧中陶醉的人物形象与故事情节。这些特点能很好地满足浮石赵氏对美的追求。所以，他们愿意将飘色放在本乡最为盛大的活动之中展示，使之成为一场美的盛会，让美妙的身影飘荡在全村的每个角落。这样的展示又为乡人留下极为深刻的回忆，甚至成为海外华侨最深沉的乡愁，一旦政策稍有松动，就率先恢复起来。而看到飘色的老人们，常常会热泪盈眶，内心的乡愁得到了最大限度的满足。

2. 可以彰显北帝诞的魅力

正如前述，浮石有众多的神诞活动，诸如北帝诞、土地诞、大王诞、水仙诞、观音诞、医灵诞，在众多神诞中，北帝诞最受重视，其活动也最为盛大。既然是最盛大的活动，就需要将每一个民俗事象都运用其中，飘色、舞狮、抢花炮都可在其中集中出现。但与其他两项活动相比，飘色的秘密装置设计让小演员凌空飘舞，如幻似真，令观众产生神奇的观感，很好地表现出神灵的威仪与增加民间信仰的魅力。同时，飘色是在前进中展示，并以高架抬起，让周边围观者，无论是大人还是小孩都能清楚地看到，非常适合巡游展示。

另外，飘色还与舞狮形成反差对比，舞狮热烈、动态，更具阳刚之气，飘色沉静、可爱，更具柔和气息。如果只有其中一种事象出现，效果可能会打折扣，但当两种事象同时出现，就能以舞狮这一配角进一步彰显飘色的主角地位与柔和之美。因此，飘色也就与北帝诞一起，成为当地村民记忆最深刻的标志性活动。

3. 可以加强族内的团结与竞争

飘色本身也可成为宗族加强治理的工具。

一方面，有了飘色的辅助，进一步提升北帝诞的魅力，以至十里八乡的村民都前来观看，这就能大大地提升浮石赵氏的影响力，也促使浮石赵氏族人感到无上光荣，为能成为"浮石佬"的一员而骄傲，从而增进了族内的群体认同度与个体荣誉感。特别是在飘色的保留节目中有《赵子龙救阿斗》，浮石赵氏自认为是赵子龙之后而加入龙冈公所，这样的飘色会让浮石赵氏的族众更有代入感与自豪感，产生戏剧性的共鸣共情。因此，每次出色必定是由《赵子龙救阿斗》板色排在首位。

另一方面，当地飘色是分闸负责，各闸各出一台飘色，这无形中就成为各闸背后的房派之间的比拼，希望通过展示更加奇巧、生动的飘色而获得观者的青睐。这种比拼远比用武力的较量更文雅、隐性，不易造成房派间的矛盾，又能起到积极的竞争作用，促使各闸出动更多的资源扮好飘色。

4.可以综合展示浮石赵氏的文化底蕴

飘色是一种综合性的民俗事象，其表演涵盖了服饰、仪仗、音乐、戏剧、魔术等元素，能较为集中地展示浮石村的文化底蕴。这种展示虽然是片段式的，但所选的片段往往是大众喜闻乐见的，如赵子龙救阿斗、嫦娥奔月等题材，再加上有巡游活动的加持，在周围热闹的气氛烘托之下，使这种文化样式变得更具传播力与影响力，深受观众的喜爱。

5.可以阐释浮石赵氏的宗族理念

据说，中华人民共和国成立前的浮石飘色会定期更换表现主题，以增加观众的新鲜感。中华人民共和国成立后的飘色，形成较为固定的10多个主题，包括仙女散花、吕布与貂蝉、木兰从军、昭君出塞、穆桂英挂帅、赵子龙救阿斗、嫦娥奔月、仙姬送子、牛郎织女、平贵别窑、杨金花争帅印、劈山救母、白蛇青蛇、童子拜观音、双阳公主会狄青、佳偶兵戎、五郎救弟、过江招亲、梁红玉击鼓退金兵、薛仁贵与柳金花等。这些主题中，有相当部分是表现忠孝义的观念，如昭君出塞、穆桂英挂帅、赵子龙救阿斗表现的是忠，木兰从军、劈山救母表现的是孝，杨金花争帅印、白蛇青蛇表现的是义。通过飘色的展示，能寓教于乐地对族众村民进行一些理念的教育，这也是舞狮、抢花炮等民俗事象不容易做到的。作为"宁阳礼选"之乡，浮石更需要以这样的方式彰显其文教功效。

三、三根支柱与飘色的相互作用

浮石赵氏选择了飘色之后，三根支柱不仅给飘色提供了源源不断的支持力量，飘色反过来也对三根支柱产生积极的作用，从而促使双方相互融合、相互成就。

（一）三根支柱对飘色的促进作用

1. 赵氏宗族是最核心的力量

在三根支柱当中，赵氏宗族发挥了最核心的促进作用。

一方面，它是另外两根支柱的基础，如果没有了宗族，民间信仰不可能获得壮大，而村落组织则难以成立与发展。反过来说，民间信仰与村落组织的出现，其目的也是指向宗族的，它们为宗族的"肌体"提供了源源不断的力量。

另一方面，飘色虽然是民间信仰的副产品，但归根结底是为了扩大浮石赵氏的影响力与凝聚力。也就是说，飘色最终指向的也是宗族。因此，在改革开放之后，北极殿尚未重建的20多年时间里，飘色的展示放在农历正月初六的祭祖活动中，赵氏族人也并不感到有不妥之处，反而乐此不疲。

2. 民间信仰是重要的维系手段

宗族内部由于房派的衍生，常常会产生各种各样的矛盾。在这种情况下，能够获得族众认同的民间信仰又会成为一种缓冲矛盾与弥合裂缝的融合剂。其途径就是在神诞活动中的合作与交流。这种合作交流以神的名义进行，既部分地消弭现世的利益考量，同时又指向对美好前景的共同担当。而飘色由于是以闸（坊）的名义出现，又可进一步将房派的竞争以艺术化的方式表达，并将现实利益转化为对美的追求。这种巧妙的转移无形中就让赵氏宗族族众进一步认可飘色，对它留下美好而深刻的记忆。

3. 村落组织提供了续命发展的可能

新兴的村落组织在出现之初，正处于现代文化引入中国之时，村落组织的青年忙于同封建残余进行斗争。此时的飘色作为民间信仰的附庸，当然难以获得他们的支持。但由于飘色并非封建残余的顽疾，在《浮山月报》的报道中，也没有出现对它的抨击言论。此时的飘色更多地处于"局外人"的位置。但是，浮石赵氏族人由此形成的结社传统，以及一大批在组织中成长起来的村落精英，又为飘色的恢复提供了坚实的基础。

到了传统文化亟须保护之际，村落组织及村落精英激发起对传统文化的责任感，他们此时要做的就是保护与传承尚存一息的、有价值的传统文化。飘色作为浮石人的共同记忆，自然成为他们的保护重点。浮石飘色能够在新时代大放异彩，离不开村落组织的大力支持。

（二）飘色对三根支柱的反哺作用

飘色不仅仅是获得三根支柱的促进作用，它反过来也为这三根支柱提供了一定的反哺作用。

1. 飘色显示了赵氏宗族的文化软实力

对于赵氏宗族而言，飘色显示了该宗族的文化软实力。毕竟，对于一个乡村而言，举办飘色表演需要有深厚的文化艺术底蕴，这种底蕴是绝大部分乡村难以企及的，也是飘色不如舞龙舞狮常见的原因。而赵氏宗族能够支撑起飘色表演，就让周边的乡村对这一宗族为之瞩目，更加认可"宁阳礼选"的称号。当飘色成为赵氏标志之后，它又反过来促进赵氏宗族的凝聚，在近10年的《浮山月报》上，有超过一半的杂志封面使用了飘色的照片，这是以往的月报中所没有的，也表明它已日益成为浮石赵氏的重要标志物。

2. 飘色增加了民间信仰的吸引力

民间信仰需要通过所谓"神迹"，使信众产生神奇感，从而将这种体验转化为对神灵的认同，强化到日常的祭祀仪式中。飘色本来只是因为凭借力学原理的机械设计，产生飘扬无依的审美效果，但对于那些缺少物理知识的信众来说，它就成为来自神灵的力量。这种效果远较舞龙、舞狮或抢花炮来得精彩，产生的崇拜心理尤为强烈。正因如此，飘色在北帝诞巡游中显得异常醒目，甚至成了最具亮点的表演活动，从而建立起了"北帝—飘色"的稳固关联。到了1949年以后，由于周边的传统民俗日益式微，保存完好的浮石飘色的名声变得更大，又反过来提升了浮石北帝诞的影响力。现在，每逢北帝诞，人们到浮石村参观，主要的动机就是一睹飘色的风采。

3. 飘色为村落组织的实践提供了抓手

在改革开放之后，村落组织对家乡建设怀着强烈的责任感与使命感，因此其成员会想方设法为家乡筹集资金，用于某项公益事业。而飘色作为传统文化的代表，也进入村落组织的视野。村落组织通过对飘色的复活，在短时间内产生显著的效果，这种效果不仅能愉悦乡亲，更能通过现代传媒方式传播到本村以外的区域。这就为村落组织提供了继续承担职责的源源不断的动力。

（三）对三根支柱与飘色的关系思考

1. 三根支柱与飘色处于动态性的互动过程

三根支柱虽然都是飘色的基础，但不同时期发挥的作用不同，处于一个动态促进的过程。中华人民共和国成立前，宗族的作用更加重要，它是支撑飘色的主要力量，民间信仰则起到协助支撑的作用。而在改革开放后，这两种力量都已式微，村落组织的力量又异军突起，担负起推动飘色复活的重任。在此过程中，飘色的文化属性得到不断的显现。到了 21 世纪之后，有了显著文化属性的飘色成为当地最重要的标志，又反过来推动民间信仰的彰显与赵氏宗族的维系。

2. 三根支柱与飘色是共生共荣的紧密关系

浮石村是三根支柱与飘色共同生长的基础，它们都烙上了浮石这一烙印，从而形成了闭环式的共生状态。而在共生之中，三根支柱之间具有相互促进的作用，而三根支柱既有对飘色的支撑作用，飘色又对三根支柱形成反哺的作用，这种状态使得它们存在一荣俱荣的关系，而在某个环节受损之后，虽然其他环节能够在一段时期内发挥补充作用，但仍然产生一些不可逆的消极因素。正因如此，在宗族、村落组织的持续消亡之下，飘色也显现出越来越严重的生存危机。

3. 三根支柱与飘色在今后有可能割裂分离

当浮石飘色荣膺国家级非遗之后，它的乡村属性在消退，而地区属性则日益加强。随着非遗在社会上的热度不断强化，浮石飘色更是频频出现在各级媒体的报道中，为越来越多的人所熟知。在此情况下，当浮石的宗族、村落组织为它提供的支撑变得力不从心时，人们开始担心它的生存发展问题。本书认为，当这种支撑力量减弱达到某个临界点时，浮石飘色有可能从浮石分离出来，依靠地区的其他力量存活。不过，到那时的浮石飘色可能已完全改变其文化属性。

图中板色为《穆桂英挂帅》，色柜近年来加上了轮子，在人少的路段会推拉一段，减少人力抬扛的辛劳（黄敬然提供）

图中工作人员正在为板色《木兰从军》上架，下色尚未戴上头盔，而化好妆容、穿好服饰的花木兰玉面朱颜、英姿飒爽，让人眼前为之一亮（宋旭民拍摄于2023年10月3日）

四、小结

通过对岭南几种较常见的民俗事象的介绍与对比之后，我们可以看到，宗族是支撑这些民俗事象的最重要力量，而如何选择民俗事象，往往又与宗族组织的生存发展状况紧密相连，与当地的民间信仰息息相关，他们会根据自身的需求，选择最适合他们的项目。

飘色就是浮石赵氏的最优选择，既契合了浮石赵氏的宗族性格，维护宗族的生存发展，又为北帝信仰提供了一定的支撑力量。同时，浮石赵氏具有结社传统，所形成的村落组织也为飘色的恢复提供支撑，从而形成了支撑飘色发展的三根支柱。三根支柱与飘色是相互促进、共生共荣的关系，在新时代，飘色在一定程度上反哺三根支柱的生存。

第八章
浮石飘色的当代发展

一、浮石飘色自中华人民共和国成立以来的表演情况

（一）表演统计

根据《浮山月报》的相关报道、台山市艺术馆提供的数据、传承人的部分记录以及在网上搜集的信息，现将中华人民共和国成立后，主要是1982年至2023年浮石飘色参加的活动（除大年初六祭始祖、三月初三北帝诞外）罗列如下（统计截至2023年11月）：

1982年至2023年浮石飘色参加活动一览[①]

序号	时间	活动名称	地点	出动台数
1	1982年	庆祝浮石学校新校舍第一期工程落成剪彩暨建校八十周年纪念庆典，以及裕楹桥建成剪彩	本村	2
2		龙狮会舞贺新春活动	台山台城	5
3		浮石中学第二期工程裕盈堂揭幕庆典	本村	不详
4	1984年	四九群众活动	台山四九	不详
5		陈宜禧铜像开幕庆典	台山台城	不详
6		冲蒌侨园开幕	台山冲蒌	不详

---

① 由于飘色队没有系统的记录，有些小型的商业演出有可能遗漏。

续表

序号	时间	活动名称	地点	出动台数
7	1985年	庆祝恩义祠、南门牌坊、帝寿堂、浮石中学第三期工程落成	本村	10
8		娱乐升平文艺活动	台山台城	10
9		斗山区公所活动	台山斗山	10
10		台城交通修配厂活动	台山台城	10
11	1986年	台城交通修配厂活动	台山台城	6
12	1987年	公益大桥等五项工程竣工暨新宁大桥等六项工程奠基活动	台山台城	10
13		军民同庆新春游城活动	台山广海	7
14		台城交通修配厂活动	台山台城	10
15		庆祝三八妇女节暨斗山华侨宾馆开业一周年活动	台山斗山	10
16		华艺工艺编织厂举行落成剪彩典礼	本村	10
17		《浮山月报》纪庆活动	本村	10
18	1988年	丽都电子厂活动	开平三埠	不详
19	1989年	与霞路宗亲联欢活动	新会霞路	6
20	1990年	第二届水灯节巡游	澳门	不详
21	1991年	第三届水灯节巡游	澳门	不详
22	1993年	江门市第二届艺术节	蓬江	不详
23		《浮山月报》创刊五十八周年	本村	8
24		仕路村林玄辅纪念馆落成剪彩庆典	新会仕路	6
25		锡沛公园和珠爱亭落成剪彩	本村	不详
26		沿海公路奠基庆典	台山	不详
27	1995年	浮石儿女第二次故乡行	本村	8
28	1997年	元旦纪庆活动	新会三江	8

第八章 浮石飘色的当代发展

续表

序号	时间	活动名称	地点	出动台数
29	1998年	圣帝君庙会	新会三江	2
30		赤湾祭宋少帝陵	深圳	2
31		龙冈古庙赵云诞大会	开平水口	2
32	1999年	斗山广场剪彩活动	台山斗山	不详
33		庆祝澳门回归活动	澳门	不详
34	2000年	浮石中学落成剪彩庆典	本村	8
35		广海华一五金公司一周年庆典	台山广海	不详
36	2002年	迎恩门楼、迎仙门楼落成庆典	台山广海	不详
37	2004年	新会圭峰庙会	新会会城	8
38		2004中国（江门）侨乡华人嘉年华	蓬江	8
39	2005年	首届广东省民间飘色艺术表演大赛	中山黄圃	2
40	2006年	全国首届飘色（抬阁）艺术展演	番禺	不详
41	2008年	古城文艺飘色游行	台山广海	不详
42		国母诞活动	新会古井	不详
43		中国第七届民间艺术表演	番禺	6
44		爱乡桥通车庆典	台山斗山	不详
45	2009年	龙冈古庙修复十一周年庆典	开平水口	2
46	2010年	飘色醒狮大巡游	台山斗山	8
47		向法国法中电力协会代表展示	台山斗山	8
48		横江天后娘娘诞辰	蓬江棠下	8
49		2010中国（江门）侨乡华人嘉年华	蓬江	8
50	2012年	台山文化旅游博览会	广州天河	8
51		世界开平龙冈亲义总会第十五届恳亲大会	开平水口	4

续表

序号	时间	活动名称	地点	出动台数
52	2013年	霞路霞洞贺新岁	新会霞路	4
53		鹤城小官田花炮庙会	鹤山鹤城	8
54		第六十五届敬老暨天后文化节	蓬江棠下	8
55	2014年	台山市2014年龙狮起舞贺新春活动	台山台城	不详
56		第八届国母诞开幕式和出巡活动	新会古井	不详
57	2015年	《浮山月报》创刊八十周年志庆暨中国历史文化名村挂牌仪式	本村	8
58		潮连洪圣诞巡游	蓬江潮连	6
59		2015广东省国际旅游文化节——2015佛山秋色欢乐节	佛山	2
60	2016年	浮石飘色大巡游	台山台城	8
61		棠下横江村天后诞巡游	蓬江棠下	8
62		开平龙冈古庙修复18周年暨第九届委员就职典礼	开平水口	4
63		广州商业演出	广州	6
64		国庆飘色展示	台山斗山	4
65		重阳节活动	四会贞山	8
66	2017年	2017年美国斗山同乡总会恳亲大会	台山斗山	不详
67		2017年海外华裔青少年"中国寻根之旅"夏令营——台山营	本村	1
68	2018年	2018年元旦文化嘉年华	台山台城	8
69		斗山妇女节活动	台山斗山	4
70		广东（佛山）秋色巡游	佛山	2

续表

序号	时间	活动名称	地点	出动台数
71	2019年	新春活动	台山斗山	8
72		"美丽湾区 幸福游会"广东省非物质文化遗产展示系列活动暨2019茶园游会大湾区传统文化大巡游	东莞茶山	8
73		浮石二坊村容村貌建设落成典礼	本村	8
74		"文化和自然遗产日"广东陆河分会场	陆河	4
75		北帝诞巡游	新会三江	2
76		多彩非遗 魅力侨乡——台山市2019年非物质文化遗产展演	台山台城	4
77		那琴半岛第一届开渔节	台山北陡	2
78		2019广东（佛山）非遗周暨佛山秋色巡游活动	佛山	2
79	2020年	电影《故园飘梦》拍摄	本村	8
80		硒泉小镇创意市集	台山三合	2
81	2021年	人民的非遗人民共享——2021年台山市非物质文化遗产暨台山浮石飘色进景区活动	台山海宴	2
82		斗山商业演出	台山斗山	2
83		多彩非遗 盛世侨乡——2021年台山市非物质文化遗产暨台山浮石飘色进景区活动	台山白沙	2
84		某商场活动	中山小榄	2
85	2022年	连接现代生活 绽放迷人光彩——台山市非物质文化遗产（浮石飘色）进景区展演	台山斗山	2

续表

序号	时间	活动名称	地点	出动台数
86	2023年	"我们的中国梦——文化进万家·台山年"迎新春文化活动	台山斗山	8
87		"我们的中国梦——文化进万家·台山年"迎新春文化活动	台山台城	8
88		四坊村庆活动	本村	8
89		2023中国（江门）侨乡华人嘉年华	开平赤坎	8
90		"泉城狂飘 创想假期"五一节庆活动	台山三合	2
91		"庆祝五一·传承非遗"台山浮石飘色文化展演活动	台山端芬	2
92		四九中心小学六一儿童节活动	台山四九	2
93		2023斗山镇首届美食文化集市	台山斗山	2
94		《侨批·家园》舞剧	江海	2
95		广东（佛山）秋色巡游	佛山	2

（二）展示频次

在42年间共计展示95次，平均每年展示2.2次，若再加上每年大年初六或三月初三的1次展示，每年的展示频率达3次。其中以刚恢复之后的1984年至1987年4年较为频密，这4年共展示了16次（未计大年初六展示），平均每年4次，但主要集中在台山地区。2008年入选国家级非遗之后，又迎来了一个小高潮，在2008年至2010年间，共展示了9次（未计三月初三展示），平均每年3次。而在2016年之后，由于社会对非遗日益重视，展示的频次也有一定回升，2016年至2019年共展示了19次，平均每年4次，2019年达到高峰，达到8次。这几年的对外展示也明显增多，有5次到江门市外展示，有1次是在本村向海外华裔青少年展示。

在 2020 年到 2022 年，由于新冠疫情影响，展示活动又进入低谷期，2020 年是最低谷，只有 2 次，连本村的三月初三北帝诞也没有巡游。疫情之后的 2023 年又迎来了大爆发，截至 11 月展示了 10 次，超过历史最高纪录。

（三）展示地区

从展示的地区来看，本村共 14 次，主要是本村的重要建筑竣工，或是重要纪念活动，如《浮山月报》纪庆活动。显示当地华侨对推动这项传统民俗活动复兴发挥了不可替代的作用。另外，当时本村打算为某个侨领回乡摆色，但在亲属的要求下取消了[1]，自此，浮石飘色从来没有为某个华侨回乡展示过。

台山地区（除浮石村外）的展示次数最多，达到 40 次，其中斗山镇和台城最多，分别有 14 次、12 次，台城多的原因是有更多的展示活动，有 3 次是某企业的邀请。除此之外，四九、冲蒌、广海、三合、白沙、北陡、海宴、端芬等镇也邀请过，几乎涵盖了台山所有镇。广海邀请了 4 次，主要原因是广海当地有龙冈公所，而浮石赵姓是龙冈公所成员，两地因龙冈公所的纽带而有较为紧密的联系，三合、白沙、海宴、端芬等镇的邀请，大部分缘于旅游景区的展示需要。

江门地区（除台山外）的展示次数为 24 次，以新会为最多，达 9 次，主要是当地的宗亲、恩亲的邀请，特别是新会霞路村，该村与浮石的宗派关系最近，来往也最为频密，几乎每年都有互访，互访期间进行祭祖活动。还有 6 次是到开平展示，其中 3 次也是由于当地的龙冈公所的关系。值得关注的是，有 3 次是在江门最重要的地方节庆活动——中国（江门）侨乡华人嘉年华上展示，显示了这项活动在江门的地位。

---

[1] 佚名：《乡情——欢迎璇锡翁一行旋里散记》，《浮山月报》第 86 期，1987 年 7 月，第 40 页，浮山月报社藏本。

侨乡出色
——台山浮石飘色的保护传承研究

浮石飘色参加2010年中国（江门）侨乡华人嘉年华巡游活动，图中板色同样为《穆桂英挂帅》，但不同色女扮演，表演效果也不相同（台山市艺术馆提供）

江门以外的展示地区包括广州、深圳、澳门、中山、佛山、肇庆、东莞、汕尾，以珠江三角洲城市、广府文化城市为主，共计17次，其中广州、佛山最多，达到4次，澳门3次，中山2次，其余城市各1次。最早一次展示是1990年参加澳门的水灯节，第二年继续参加水灯节，1999年参加澳门回归活动，显示浮石飘色的影响力逐渐扩大到了江门以外地区。

（四）展示空间

除了在本村的村落空间中展示外，浮石飘色也越来越多地出现在各地的城市空间中，为当地的节庆活动助兴。而在近几年，浮石飘色也出现在本土创作的电影、舞剧等艺术作品中，特别是舞剧《侨批·家园》，在2021年首演时没有浮石飘色，但到了2023年重排时，则加入了这一元素。这一趋势显示了本地的艺术人士越来越多地关注这一非遗项目。

（五）联络关系

从关系的角度看，基于台山地区（除本村外）的地缘关系而展示的次数最多，达到 40 次，显示本地仍然是这项非遗的最重要展示邀请方。在台山地区之外展示的 41 次中，因宗亲、恩亲、宗族联盟关系或民间信仰而邀请的有 15 次，包括到深圳拜祭宋少帝陵、与霞路、三江的宗族联谊活动、龙冈公所的庆祝活动、天后诞等。另有 21 次是由政府组织的活动，主要是在 2000 年之后，显示各地对非遗的日益关注，为这些传统民俗活动提供了更大的展示空间。

（六）展示台数

从展示的台数来看，除了报道不详的之外，以 10 台、8 台、2 台最为常见。在 1982 年，村民是在以往留下的材料中临时拼凑，才做出 2 台飘色。到 1984 年，由浮石学校拨材料、付工钱，再次建造色架 2 台，再加上本村的热心村民捐建色架 1 台，凑出了 5 台，赵羡金等华侨捐助为 5 台色架添置了袍服。因此，在 1984 年的几次展示中，主要是 5 台。1985 年，赵鼎林捐助了 3 台飘色，赵炳炎等华侨也给予捐助，凑足了 10 台飘色，那几年的展示常常出动 10 台。

而到中期之后，则以 8 台为主，基本不会出动 10 台。据市级传承人赵醒全介绍，主要是出于成本考虑，8 台色架刚好装满一辆中型卡车，而相关的人员约 90 人，也刚好坐满两辆大巴车。当然，每台飘色的价格约 4000 元，邀请单位也可根据自身的情况邀请不同数量的色架。不过，展示的台数一般为双数，极少出现单数的情况，这与广东民间对数目的喜好有关，而"8"又被认为是最讨彩的，因而受到欢迎。到了近期，由于涉商业的活动增多，邀请方出于成本的考虑，更多地选择 2 台。2023 年国庆节期间在斗山的展示分为 5 天，每天出 2 台。

（七）时间维度

在传统民俗活动中，一般是以农历进行计算，如大年初六祭始祖、三月初三北帝诞，以及参加外地的国母诞、天后诞、龙冈古庙的神诞日等，还有春节的庆祝活动，但除了本村的固定民俗之外，这类活动的次数不算多，只有 28 次。占大部分的则是现代社会的纪庆活动，这些活动以公历日期计算，如国庆节、文化节、建筑落成典礼，共有 67 次。两者的比例大致为 1∶2.5，显示了现代节日日益成为人们的生活重心，也为飘色的生存发展提供了更为多元广阔的展示渠道。

1999 年浮石飘色赴澳门参加庆回归文艺大巡游（台山市艺术馆提供）

二、浮石飘色的构件与人员组成

（一）色柜的形制与使用

色柜为四方形，长 0.9 米，宽 0.6 米，高 0.7 米，四面绘有历史人物故事的彩色图画，柜内放上几块大石头以保持平稳，前后各开两个小孔，用于穿杠。色柜内还可以放置一些色仔或工作人员使用的物品，以供不时之需。

与色柜相配，有两条长杠，分别从左右两侧穿过色柜，再用两条横杠从前后两个方向把两条长杠连接起来；之后用两条铁链一前一后勾起横杠，最后用两条短杠各自穿过铁链，短杠的前后各站立一个抬柜者，共同抬起色柜。

现在，浮石飘色的色柜安装上小轮，使色柜具备抬与推两种功能，在重要表演场合以抬为主，在非表演场合则以推为主，以节省抬柜者的气力。

（二）色架

主色梗是一条粗约 5 厘米的铁枝，由色柜底部固定垂直伸出色柜，长约 1.5 米，主色梗的尾部以直角形翘起，这条主色梗是一条暗铁，用下色（屏色）宽大的袖筒将其遮住，下色的手臂也可较为舒服地搭在直角形位置。

主色梗的下方贯穿着一条裤管宽大的长裤，不能与主色梗分离，色仔必须上了色柜后才能穿上。在离色柜平台约 40 厘米的地方伸出一条台铁，台铁的末端平放着一块 T 形的小木板，这是下色安坐的小凳。色仔上架后，连带着暗铁的手腕上一般还会握着一件与人物造型相配的道具，将主色梗与暗铁的连接处全部遮掩。

主色梗连接一条水平的明铁，这条明铁约 7 厘米粗，作树枝纹样，内侧连接着另一条垂直的暗铁，另一边则向外侧伸出，上面挂着该飘色的板色名称，方便观众辨认。

左上图为色柜全貌，柜面由几块木板拼合，可以揭开往柜中放东西，或是移动压舱石；右上图为上色架局部；左下图为色柜中的压舱石，下侧的蓝色铁条为贯穿色柜的主色梗；右下图为下色架局部（宋旭民拍摄于2023年10月11日）

上述的垂直暗铁是整个飘色的关键之处。此铁高约 1 米，上端安装了一个由螺丝固定的小木条，让上色（飘色）可以安坐。由于色仔的高度各有不同，这个螺丝可以上下移动，根据色仔的高度定位后再固定，务求让色仔以舒服的姿势坐下。上端的最末处焊着一条内弧形的小铁枝，方便色仔的肚部可以往前靠。这条内弧形的小铁枝上还缠着一条长长的绑带，用于把色仔的腰部绑紧，将整个躯干固定在暗铁之上。这条暗铁同样贯穿着一条裤管宽大的长裤，并配着一只鞋，色仔必须上架后才能穿上这条裤管和鞋，这条腿就不能随便动弹，而另一条腿的裤管没有隐藏暗铁，则可以较自由动弹，做出一些表演动作。之后，色仔会再穿上衣服，把裤管之上的暗铁也完全遮住，就呈现出依着无凭的效果来了。

（三）其他用具

每个色柜一般固定为某个板色，并搭配相应的色袍。色袍一般是在上架之后再穿上。现时的色袍会到制作戏服的商店采购，其样式与当前流行的戏服样式相同。

每个台柜还配有两支色叉，在行进时工作人员一左一右护送，前方遇到障碍物，则以色叉将障碍物托起，让色柜顺利通过。色叉还可以作为色仔休息时的凭借物，在色架上稍稍调整身体姿势。

色柜中一般要装进几块大小不等的麻石，重约 50 斤，通过前后左右移动，使上方的色架保持平衡。

（四）色仔色女挑选

色仔的身高一般不超过 1.25 米，因此要常常到学校选角。据赵宪冲介绍，选角时一般会选面目俊俏、胆量大的孩子，而且要肯吃苦，可以在色架上坚持几个小时。但这个选择也是双向的，孩子如果不愿意参加，一般也不会勉强。另外，也会根据板色人物的气质选角。[①]一旦确定了人选后，

---

① 2023 年 10 月 3 日对赵宪冲的访谈。

会按照孩子的高度调整某个色柜的色梗距离位置，在一定时段内固定使用。

现时，飘色队主要在浮石小学挑选角色，但现时浮石小学招收8个村委会范围内的学生，挑选时会有意识地选本村的小孩。这样做一是为了传承浮石赵氏的传统，二是方便对色仔的使用。

（五）人员组成

一台飘色除了2个色仔外，还会有4个抬色柜的抬柜者，2个在左右保护的工作人员，2个色仔也会各出一名亲属随队协助。两个左右保护的工作人员一般还负责化妆、上架的工作。色仔上了色架就不能随便下架，亲属则要跟着飘色队伍，随时关注色仔的情况，如果出现身体不适等情况，要马上告知工作人员。赵兴业介绍说，如果是出远门表演，一般会多带一两个色仔作为后备，万一出现问题就能马上替换。①

现时，由于琳琅剧社人员老化严重，抬柜者一般是临时雇用，但雇用者也较为固定，以保证能够胜任这项工作。他们只会按出色的次数计算工钱，不能享受琳琅剧社的内部福利。

三、飘色表演的民俗学观察

（一）新时期北帝巡游的文献记录

1. 巡游程序

2005年农历三月初三，浮石村首次恢复北帝诞巡游。赵钦稳作为《浮山月报》的记者，全程观摩了巡游活动，并将过程详细记录下来，如下：

当天（农历三月初三），浮石村沸腾起来，那些亲戚朋友，四村八乡的村民，为了饱眼福，来得特别早，使浮石街市也热闹起来，即使浮石有酒楼和许多饭店，也无法应付接待来看飘色和北帝出游的客人。上午十时

---

① 2023年10月3日对赵兴业的访谈。

第八章 浮石飘色的当代发展

许,人们已川流不息进村,开小车的、开摩托车的数不胜数,那红男绿女,一对对情侣都来观看,凑热闹。

正午十二时开始游行。游行前,北极殿周围人山人海,擦肩接踵,大家争着观看在游行中扮饰的各种人物,电视台的摄影师不断在抢拍镜头。还有不少人在北极殿内上香跪拜各菩萨,殿内香烟缭绕,使人难以睁开眼睛。

巡游开始了。铜鼓头锣,水火棍,十八般兵器开道,他们穿着艳丽的服装,十分威武,那些刀枪画戟在阳光照耀下,发出耀眼的光芒。跟着是七星旗队和武术队,那些七星旗鲜艳夺目,随风飘扬;那武术队,人人都是武士服装,雄赳赳,气昂昂,显出一派英雄气概。在他们的后面,有四名大汉各扛举着"回避""肃静"的大木牌,俨然古代的官府老爷下乡。再跟着就是八名宫女,有四名宫女各提着宫灯,有四名宫女各拿着龙凤扇。看她们的穿着与打扮,名副其实是宫女啊!在宫女后面的是康元帅、赵元帅、窦元帅、邓元帅四大元帅,他们都是用人扮饰的,各人坐在木椅上,用轿夫抬着走,这四大元帅,浮石人叫作"生口菩萨"。在"生口菩萨"后面就是文北帝、武北帝,这两尊菩萨各端坐在木制的轿子上,各用四个轿夫抬着走。北帝菩萨是浮石人最崇拜的,家家户户都有它的神位,逢年过节,它与列祖列宗受到同样的祭拜。最后面是醒狮队和八台飘色,看那些色仔打扮各种人物,惟妙惟肖,英姿勃勃。浮石的飘色早已远近驰名,此次更吸引外乡人的到来观看。锣鼓喧天,狮舞人欢。整个队伍有数百人,大家衣饰华丽,队伍整齐,使巡游队伍颇有古代帝王出巡的气势。

北帝菩萨出游从北极殿出发,经过十个坊,每到一个坊都停一停,让该坊的坊民参拜北帝菩萨,也让巡游的人休息片时,喝口茶解渴,人们也趁此机会争相观看,北帝菩萨巡完十个坊后返回北极殿才算结束。[①]

通过这段记录,可以看到当时的巡游较为完整地恢复了传统的巡游内容,本书梳理了巡游队伍的人员组成与游行顺序,如下:

---

① 赵钦稳:《三月三,浮石北帝菩萨出游》,《浮山月报》第157期,2005年6月,第16页,浮山月报社藏本。

207

侨乡出色
——台山浮石飘色的保护传承研究

  头锣
  水火棍、十八般兵器队
  七星旗队、武术队
  "回避""肃静"大木牌
  8 名宫女[①]（4 名提宫灯、4 名掌凤扇）
  由长者捧香炉印敕
  "生口菩萨"（康元帅、赵元帅、窦元帅、邓元帅）
  文北帝、武北帝[②]
  醒狮队和 8 台飘色

  其中的"生口菩萨"是传统的做法，在很多乡村已经消失。据黄芝的《粤小记》记载：

  顺德赛北帝神，以少年扮为神将，乡人事之惟谨，无敢或怠。父老见之辄伛偻拜跪，遇诸途则走避，稍逆意，呵叱怒骂，莫不俯首谢过。每扮一神将，衣服铠甲，鼓乐仪仗，饮食宴会，费至数百金，而少年亦往往夭死云。[③]

  与传统的做法相比，神诞程序与巡游队列大致相同，但也有一些改变。在神诞程序中，不再进行抢花炮活动；在巡游队列安排上，旗帜队、枪械队由神灵之后改到神灵之前，"生口菩萨"不再由少年扮演，改为由丧偶的男人扮演。而到了近两届，"生口菩萨"取消，主要是村民有所忌讳，没人愿意充当角色。[④]

  另外，现时浮石村已不办建醮，致使不少年轻人根本不知道何为建醮。

[①] 按赵英松的说法，是 7 名宫女，而在 2015 年的巡游中则是 12 人，这个数目估计不同年份有变化。
[②] 文北帝、武北帝指前述的"北帝仔"。
[③] 〔清〕黄芝:《粤小记》,《清代广东笔记五种》,广州：广东人民出版社，2015 年，第 413 页。
[④] 2023 年 9 月 26 日对赵英松的访谈。

左上图为开道的头锣队穿过西北保障牌坊；右上图为行进中的宫女仪仗；下图为巡游中准备出发的"生口菩萨"（台山市艺术馆提供）

侨乡出色
——台山浮石飘色的保护传承研究

2. 巡游路线

对于北帝诞的巡游路线，当时没有详细记录，而在2013年的《浮石举行"北帝菩萨"巡游活动》一文中有记录，如下：

> 整支队伍250人，经浮石一坊、二坊、三坊、四坊，然后经过稻田，来到十坊，随后又沿公路行到五、六、七、八、九坊，最后回到北帝庙，全程十公里，用三小时。每到一个坊，就停留片刻……[①]

这个巡游路线与传统的大致相同，只是增加了到十坊的行程，如果是传统的线路，游完四坊就会直接到五坊。巡游队伍每到一个里坊，会做短暂停留，将文武北帝神像置于坊前，供该坊村民拜祭。

停在里坊的文武北帝神像（台山市艺术馆提供）

---

① 赵惠聪：《浮石举行"北帝菩萨"巡游活动》，《浮山月报》第189期，2013年6月，第2页，浮山月报社藏本。

第八章　浮石飘色的当代发展

（二）飘色准备及表演的观察

笔者现场观察了整个出色过程。

1. 斗山镇首届美食文化集市演出

2023年10月1日至5日，斗山镇举办2023年斗山镇首届美食文化集市，琳琅剧社受斗山镇政府的邀请出演，每天出2台飘色，共计出10台。第一天为《赵子龙救阿斗》《仙女散花》，第二天为《劈山救母》《嫦娥奔月》，第三天为《木兰从军》《昭君出塞》，第四天为《穆桂英挂帅》《慈航普渡》，第五天为《穆桂英挂帅》《赵子龙救阿斗》。其中，《穆桂英挂帅》《赵子龙救阿斗》两台板色重复演出2次，其余6台板色均演出1次。

8台飘色的色仔色女均为赵姓子弟。其中，赵子涵分任《仙女散花》《穆桂英挂帅》2台的下色，乐乐分任《昭君出塞》《慈航普渡》的上色，赵希琳分任《劈山救母》的上色和《昭君出塞》的下色，赵颖瑜分任《赵子龙救阿斗》《木兰从军》的下色。

笔者参加了10月3日的活动。主办方要求飘色队下午4点到斗山华侨广场集中，5点到6点表演。为此，飘色队约定在下午2点到飘色传承基地集中上妆。市级传承人赵宪冲早早开了飘色基地的大门，等待队员的到来。穿着统一服装的工作人员陆续到场，家长们也带着孩子前来报到。省级传承人赵汝潜虽然已不参加巡游展示活动，但仍然来到现场，帮助指导化妆工作。

（1）化妆

此次表演的2台飘色均为女孩，但《木兰从军》板色是女扮男装。工作人员首先为色女们化妆，按男女扮相和各自的人物性格，妆容要求稍有不同，但大致步骤相同。先是打底色，底色要厚，把肉色盖住，接

侨乡出色
——台山浮石飘色的保护传承研究

着开眉,勾勒出人物的眼、鼻轮廓,接着以粉笔画眉,以深红色渲染眼部,再以滑石粉定妆,使汗水不易模糊妆容,最后以黑笔画眉、眼,突出眼部轮廓。

4个工作人员分头为4个色女化妆,有些熟练的半小时就化好妆,有些手慢的则要近1小时。有一个工作人员的化妆经验不足,未能符合要求,赵汝潜一边指导一边帮着化妆。但最终未能补救,只得将原来的妆抹去,重新化。

(2)装头

男性角色不需要上头,只需要戴上帽饰即可,女性角色则要装头。装头包括片子、滴水、辫子、"猪肠"(如猪肠状的黑带,用以固定贴于额头的片子)、水纱、头髻、头花等部件,要按照次序——装上。头髻、头花要根据不同的人物选择不同的款式。

当天,在装头的过程中,扮演《昭君出塞》上色的女孩突然表示头晕,并有呕吐症状。工作人员马上停止了装头,在询问了情况后,决定换人,临时叫来另一个村中的女孩。女孩母亲正在打麻将,受到召唤后放弃了牌局,把午睡中的女儿叫醒,赶来飘色基地。这个女孩来到时,仍有点蒙,任由工作人员摆布。由于临时换人,工作人员又叫女孩上架试了高度,调整了色架的高度。

(3)转运

在化妆的末段,8个抬柜者陆续到位,由于此次是小型演出,主办方没有要求,抬柜者没有穿着统一服装。

浮石离斗山镇墟虽然只有10分钟车程,但飘色队还是雇用了1辆手扶拖拉机和3辆面包车。手扶拖拉机刚好把2台色柜装满,而6个工作人员、8个抬柜者、4个色女及家长,以及传承人赵宪冲、领队赵坚文则乘坐面包车前往。省级传承人赵汝潜声称,自己年龄大,只负责指导上妆,并不随队前往。

第八章　浮石飘色的当代发展

（4）上架

上架的过程则相对顺利。队员们在斗山华侨广场稍事休息后，在领队赵坚文的招呼下，为两台飘色上架。上架时，先上上色，把色女抱上色架站稳，让其脚部穿上贯穿于暗铁上的长裤，以裤带束紧，再用色带将其整个身躯固定在暗铁上。完成之后，再逐一穿上袍服，配上道具。

接着是装下色。下色相对简单，同样是先穿上贯穿主色梗的长裤，再穿上衣，穿时要把台铁连同手臂一起包裹。这样，整个上架就算完成了。

之后，抬柜者要试抬一下，主要是感受整个色柜是否平衡，如果不平衡，则要调整长杠及色柜中石块的位置。

（5）表演

此次表演分为4段，每段环绕广场一圈，之后把色柜停在广场两侧展示。随着太阳下山，广场上的人逐渐多起来，不少人围着飘色拍照留念。有个浮石村土生土长的村民表示，她还是第一次观看整个上架的过程；有外地的游客则对飘色的机关感到好奇，走近色柜，叫色女撩起长袖一探究竟。展示时，色叉派上另一个用场，就是给上色的色女支撑着，以减少她在色架上的负担。

一位色女的家长在广场的小食摊买了小孩喜欢的零食，在表演空暇递给色女吃。另一位色女则频频问母亲，她的父亲什么时候来，好让父亲看到她在色柜上的英姿。可以看出，这些色女对自己的妆容很满意，如果有游客来拍照，也会做出表演动作配合。

整个表演持续到6点结束，飘色队一起回到村中解散。

左上图为工作人员为色女化妆；右上图为装头；左下图为根据色女情况调整色架的高度；右下图为上色架（宋旭民拍摄于2023年10月3日）

左上图为将色带系于色女躯干；右上图为下色穿上贯穿于主色梗的裤子；左下图为下色穿上色袍，把台铁也包裹其中；右下图为整个飘色完成（宋旭民拍摄于2023年10月3日）

2. 佛山秋色巡游演出

浮石飘色队代表江门市参加了 2023 年广东非遗周暨佛山秋色巡游活动，他们派出 2 台飘色，共计 24 人参加。报名的时候虽然有市级传承人赵宪冲的名字，但到当天他没有随队前来，原因是队员担心他年纪太大，不能承受演出的辛劳。

巡游活动在 2023 年 11 月 4 日晚上 7 时 30 分开始，按照组委会的要求，飘色队在中午 12 时 30 分从下榻的酒店出发，到主会场佛山祖庙集中。下午 2 时组委会组织全体表演人员进行彩排，浮石飘色被安排在第 24 个节目出场。同台献技的飘色节目还有郁南连滩飘色、宜章夜故事，他们的出场排在浮石飘色之后。

晚上 7 时 30 分，巡游活动开始。由于从第 1 个节目出场到第 24 个节目出场，约需 1 小时，为了减少色仔色女在色架上的等待时间，工作人员在晚 7 时 30 分才开始上架。到晚 8 时 30 分出发巡游，沿途共经过 8 个表演点，用了近 2 个小时走完 4.3 千米的路程。

扮演赵子龙的色仔会舞弄花枪，当观众喝彩时，他会舞弄几下。而扮演穆桂英的色女开始只会用手向两旁的观众招手，后来也稍稍展示了一下花枪表演。但随着时间的推移，几个色仔色女都开始感到疲劳，频频跟底下的工作人员说累，也不太愿意与观众互动，但他们仍然能够坚持下来。虽然是在晚上巡游，气温宜人，但脱去戏服后，色仔色女们的背部都湿了一大片。工作人员介绍，如果在白天巡游，会用特制的遮阳伞为他们遮阳。

在巡游过程中，两旁的观众均对飘色给予掌声，有不少人在问："上面的是真人吗？"浮石飘色的引导牌较小，有很多观众并不知晓这支队伍来自何处。由于是夜晚表演，在灯光不足的地方，观众不容易看清飘色的表演，所拍摄的效果也不太好。巡游中，抬色柜者大部分时间是推色柜，只有经过表演点时才会抬起色柜，但表演只限于抬着色柜绕场一周，没有更多的表演内容，稍显单调。

第八章 浮石飘色的当代发展

飘色队在佛山秋色巡游途中（台山市艺术馆提供）

四、传承谱系及传承人

（一）传承谱系

代别	姓名	性别	出生年份	技艺专长	师承
第一代	赵英杰	男	不详	飘色	不详
第二代	赵宗松	男	1889	飘色	师父赵英杰
第三代	赵仲高	男	1902	飘色	师父赵宗松
第四代	赵炳培	男	1925	飘色	师父赵仲高
第五代	赵汝潜	男	1944	飘色	师父赵炳培
第五代	赵宪冲	男	1946	飘色	师父赵炳培
第六代	赵醒全	男	1951	飘色	师父赵汝潜和赵宪冲
第七代	赵崇璋	男	1965	飘色	师父赵醒全
第七代	赵素灯	女	1968	化妆	师父赵醒全

217

（二）重要传承人选介

1. 赵汝潜

男，1944年生，浮石村人，2008年被评为省级代表性传承人。自小跟随赵仲高、赵炳培等前辈学艺，现担任浮石飘色队艺术指导。赵汝潜熟悉色柜和道具制作技艺，负责培训色女色仔技能，熟悉服装、化妆知识，从事飘色的有关工作近60年，参与设计、制作的色架有《嫦娥奔月》《木兰从军》《昭君出塞》《仙姬送子》《平贵别窑》《劈山救母》《穆桂英挂帅》《吕布与貂蝉》《西施与范蠡》《赵子龙救阿斗》等10多个。他辅导和带领浮石飘色队先后参与了各类飘色展演和比赛活动80多次，屡获殊荣：飘色队先后三度应邀代表台山赴澳门参加巡游表演；2005年浮石飘色获广东省首届民间飘色艺术表演大赛金奖；2006年浮石飘色队参加第八届民间文艺山花奖暨中国首届民间飘色（抬阁）艺术展演，荣获入选山花奖；2008年

省级代表性传承人赵汝潜（左一）正在为色仔上装（台山市艺术馆提供）

第八章 浮石飘色的当代发展

斗山浮石飘色队《穆桂英挂帅》参加第七届中国民间艺术节暨"山花奖"中国民间飘色（抬阁）艺术展演与评奖活动，荣获银奖等。

2. 赵宪冲

男，1946年生，浮石村人，2009年被评为市级代表性传承人。现任浮石飘色队艺术副指导。熟悉色柜和道具制作、服装设计、化妆知识等技艺。负责培训色仔色女技能，指导制作设置了《嫦娥奔月》《木兰从军》《昭君出塞》等10多个色柜。多年来，带领台山浮石飘色队参加国家、省、江门市和台山市各级艺术巡游和展演，成绩显著，为传承和发展浮石飘色做出较大贡献。

市级代表性传承人赵宪冲正在为色女上妆（纳兰红叶提供）

219

3. 赵醒全

男，1951年生，浮石村人，2023年被评为市级代表性传承人。现任浮石琳琅飘色队技术指导员。赵醒全作为浮石飘色第六代传承人，认真学习飘色相关技术，熟练掌握飘色色柜的制作技艺、色仔的化妆、色仔训练、色仔挑选等相关的技术。赵醒全积极参加浮石飘色的各项传承和展演活动：2005年参加中山黄圃镇举办的广东省民间飘色艺术赛表演活动获金奖，2010年11月参加江门市嘉年华飘色巡游活动获民间艺术优秀奖；多次前往广州、佛山、东莞、陆河等地参加飘色大巡游活动。

市级代表性传承人赵醒全进校园展示，为色女化妆（台山市艺术馆提供）

五、小结

通过对浮石飘色当代发展情况的介绍可以看到，在非遗桂冠和商业演出的支持下，该项目仍然能够得到较好的发展，为保护传承奠定了较为坚实的基础。

第九章
浮石飘色的特色与价值

正如前文所述，如果单从艺术表现来说，浮石飘色可能比不上吴川飘色；从文化底蕴来说，它可能比不上沙湾飘色；从历史积淀来说，它更不能与中原地区的抬阁项目相比较。但是，这并不能说明浮石飘色就一无是处。如果有这样的看法，只能说明我们并没有真正认识它的本质内容。我们期待在对三根支柱的分析，以及各种传统民俗事象的横向对比的基础上，重新认识它的特色与价值。

一、浮石飘色的特色

在绪论中，本书提出抬阁艺术的特点是娱（娱神、娱人），合（合众、融合），美（造型美、服饰美、形象美），奇（神奇、争奇）。浮石飘色既有这样的特点，又因应自身的发展，呈现出具有"浮石味"的特色。

（一）乡土气息浓郁

浮石飘色源于乡村、根植于乡村，经过200多年的发展，仍然保持着传统的艺术表现方式和淳厚的乡土气息，在传统的村落空间和礼俗仪式中，与浮石村共生共荣、相得益彰。

223

侨乡出色
——台山浮石飘色的保护传承研究

图中板色为《慈航普渡》（台山市艺术馆提供）

其一，与诞日活动融为一体。除了中华人民共和国成立后的50多年时间，由于北极殿的倒毁而无法举办北帝诞之外，浮石飘色在其余时间都与北帝诞巡游紧密结合，成为北帝诞最吸引信众的娱乐方式之一。在北帝诞的巡游队伍中，既有威严肃穆的菩萨队列，也有热闹喧天的醒狮锣鼓，还有十里八乡的虔诚信众，飘色队伍身列其中，是如此的引人注目，又与热烈的气氛相融合，为活动增添了亮点。

其二，与村落空间融为一体。浮石北帝诞的仪式是在村落9个坊依次巡游（改革开放后增加巡游10坊），乡间的小路弯曲而颠簸，浮石飘色一直保留使用人力抬色柜，这对于抬柜者来说是一项很吃力的工作，且不比改用小轮车舒适平稳，但就是在这样的一颠一簸中，色仔色女们的服饰随风飘动，更加显示出飘色的动感。与此同时，当颜色鲜艳的飘色行走在古老的村落街巷中，伴随着八音锣鼓的响动，所散发出的文化厚重感，也是在其他文化空间中所无法呈现的。

（二）宗族作用显著

正如前述，浮石赵氏宗族是浮石飘色的重要支柱之一。浮石赵氏宗族有600多年的历史，既有"宁阳礼选"的美誉，又有"浮石佬"的俗称，是当地的大族。浮石飘色已经成为这个大族的标志性活动，并与皇族、北帝、宁阳、兰溪、华侨等关键词串联成一个整体。与此同时，赵氏宗族作为飘色活动的组织者、表演者与观赏者，又将本族的性格特征融入其中，成为浮石飘色与众不同的文化底色。

其一，体现了赵氏宗族的爱美特性。浮石赵氏有强烈的审美情趣，他们在北帝诞及其他神诞活动中，会举办各种各样的传统民俗活动，但都不及飘色这样受到他们的青睐，留下了很多表现飘色之美的文章诗歌。在中华人民共和国成立后，他们仍然抓住机会开展了三场展演；在改革开放之初，出于对飘色的热爱，他们迫不及待地恢复飘色表演，又通过本村和海内外乡亲捐资，逐步把色袍、色架完善起来。

其二，体现赵氏宗族的团结特性。浮石飘色的生存基础不如其他的同类艺术样式，但一直顽强地寻求生存空间，这与赵氏宗族的团结协作有很大关系。一方面，在改革开放之初，在北极殿缺失的情况下，改在正月初六祭祖活动上展示，并坚持办成了远近闻名的传统民俗活动。另一方面，进入21世纪以来，浮石赵氏又上下一心，努力把北极殿重修起来，恢复了这一传统的民间信仰空间。在北极殿建成后，浮石飘色终于回归了传统的表现方式，继续焕发新的光芒。

（三）华侨支持巨大

浮石作为重要侨乡，有为数众多的海外侨胞，他们一直关心与支持家乡的各项事业发展，其中就包括了对飘色的支持。

侨乡出色
——台山浮石飘色的保护传承研究

其一，飘色的发展一直得到华侨的大力支持。改革开放以来，浮石飘色共收到14笔捐款，其中有5笔是非常明确给琳琅剧社购置飘色用具的，捐助人以旅外乡亲为主。捐款时间分三个时段，包括20世纪80年代中，20世纪80年代末至90年代初，21世纪10年代中。可以说，飘色的复活与发展离不开华侨的支持。

其二，飘色的载体重建得到华侨的大力支持。正如前述，浮石飘色传统的展示载体北帝诞一直未能得到恢复，主要是北极殿未能重建。自1992年以来，经过海外华侨近10年的呼吁，终于启动了北极殿重建工作。又经过近5年的各项筹备，克服重重困难才把北极殿修复如初。这个过程同样得到海外华侨的大力支持。

（四）文化信念执着

赵氏宗族有着执着的文化信念，他们用文字与实践，忠实地保留着北帝巡游与飘色展示的原貌，与其他飘色项目相比，形成独特的特色。当观众观看这些文化实践，再回看其历史文献，产生的历史厚重感更为强烈。

其一，保留详细的文字记录。浮石赵氏对文化有强烈的热爱之情，具体表现在对文字书写的热爱上。因此，他们在《浮石赵氏族谱》及一些房派的家谱中详细记录了北帝巡游、飘色展示的内容。更为难能可贵的是，他们还利用《浮山月报》这一平台，将传统的、现时的仪式内容如实地记录下来。其他的传统民俗可能也有不少文字记录，但越到后来，越是依靠宗族以外的人记录，这些记录虽然也很珍贵，但记录者由于没有从小到大的生活体验作为铺垫，可能会遗漏诸多细节。而关于飘色的这些详细的记录则为后人的传承与研究提供了极为珍贵的资料。

其二，保留完整的传统仪式。正因为有详细的文字记录，使北帝巡游和飘色展示都保留了较为完整的传统仪式，包括巡游中的"生口菩萨"、人力担抬色柜，使后人能够原汁原味地再现这一传统民俗的风貌。

图中板色为《昭君出塞》，在古老的巷陌中款款而来，别有一番情致（台山市艺术馆提供）

侨乡出色
——台山浮石飘色的保护传承研究

二、浮石飘色的价值

讨论浮石飘色的价值，必须把它的三根支柱作为重要参考，正因为这些支柱为浮石飘色提供了生存发展的依靠，它的价值指向也主要体现在对支柱的支持之上。另外，结合新时代的发展态势，浮石飘色也呈现出新的价值，这个态势必须予以关注与讨论。在明确了浮石飘色的真正价值所在之后，才有可能在思考策略建议时，提出具有针对性和可操作性的措施。

（一）岭南传统村落乡治的产物

在中国传统社会中，乡村历来处于自治状态，自治的主体主要是本村的宗族组织。广东自明清以来，乡村获得了极大发展，为了完善乡村治理，因应产生了各种仪式，包括现在我们熟知的传统民俗事象，大部分是乡治催生的产物。

具体到浮石也是如此。赵氏宗族在浮石扎根，成为当地大族。他们一方面面临着与外族的竞争，另一方面面临着宗族内部的团结，必须通过加强祭祖、祭神等仪式，让族人在交流互动中凝聚力量。为此，春秋祭祀、北帝诞巡游等活动就成为他们重要的抓手，并由此形成了一系列的旧例与习惯法。族人通过参与这些活动，进一步加强房派、个体之间的沟通与合作。飘色正是为他们最看重的北帝诞巡游而准备的，飘色可以增加北帝菩萨的威仪，也能吸引信众的围观。正如前述，在飘色的主题中，有相当部分是表现忠孝义的观念。通过飘色的展示，能寓教于乐地对族众村民进行宗族理念的教育。

正因如此，对浮石飘色的研究，有助于更深入地理解岭南传统村落的乡治模式，以及在乡治过程中各种力量的互动、制衡。

第九章　浮石飘色的特色与价值

（二）浮石赵氏宗族的文化结晶

浮石赵氏历来重视文化，产生了很多与本族相关的文化作品，并形成了一些活跃于乡间的文化社团组织。其中，飘色是一种综合性的民俗事象，其表演涵盖了服饰、仪仗、音乐、戏剧、表演等元素，再加上舞狮、武术等元素加持，使之更具感染力。可以说，飘色艺术是浮石赵氏在传统民俗文化方面的重要结晶，它与浮石赵氏文人所形成的高雅文化体系形成鲜明对比的同时，也丰富了浮石赵氏的文化内涵，共同构成了"宁阳礼选"的重要支撑。

因此，通过对浮石飘色的研究，能更好地把握这一传统村落文化发展的脉络，为深入研究村落文化的嬗变与调适，提供了很好的观察对象。

图中板色为《昭君出塞》，不同时期的同题飘色会更新服饰道具，令观众有新的感受（邱彤红提供）

229

（三）实现宗族生存发展的抓手

赵氏宗族通过举办诞会等活动，为宗族的发展拓展空间，飘色就是其中的重要抓手之一。更值得关注的是，在现代社会，飘色的这一价值进一步显现出来。在传统民俗文化急剧衰败的当下，浮石飘色依然较好地保存，使其获得了各种荣誉，这些荣誉包括：1996年，浮石被广东省文化厅命名为"广东省民族民间艺术之乡——飘色之乡"；2000年，斗山镇浮石村被文化部命名为"中国民间艺术（飘色）之乡"；2006年，浮石村被省文联、省民间文艺家协会命名为"广东省民间飘色传承基地"；2008年，斗山镇被国家文化部命名为"中国民间文化艺术之乡"；2008年，"台山浮石飘色"项目入选国家级非物质文化遗产名录项目；2014年，获"中国历史文化名村"称号。可以看出，浮石甚至斗山获得的很多文化类荣誉都与飘色息息相关。

因此，飘色已然成为当地赵氏宗族寻求生存发展的重要抓手。对它进行保护传承，已关系到这一"宁阳礼选"之乡的光环能否在新时代继续亮眼。

（四）联系海内外乡亲的文化纽带

浮石有为数众多的海内外乡亲，特别是在美、加地区，还有历史悠久的纽约赵紫气堂等侨团组织。这些乡亲一直关心与支持家乡的发展，为家乡提供了源源不断的资助。作为家乡，也要通过文化的纽带将他们紧紧地团结起来，《浮山月报》是一本有形的集体家书，而浮石飘色则是乡亲们的童年记忆，是一段美好的乡愁。因此，保护和传承浮石飘色还具有联系海内外乡亲的重要价值。必须通过保护飘色的表演样式，飘色展示的载体，飘色所在的文化空间，让飘色得以继续原汁原味地呈现，让这条文化纽带不仅不会断裂，还能越"绑"越紧。

第九章　浮石飘色的特色与价值

与此同时，我们还应看到，经过几代的繁衍，华侨新生代也逐渐走上历史舞台，如何维系他们的乡情，也成为一项不得不重视的课题。飘色能够为更多的华侨新生代提供直观感受家乡文化的渠道，其意义比单纯的说教有效得多。因此，这条文化纽带的价值在新时代就变得更加重要，更应予以高度重视。

（五）推进乡村全面振兴的依托

进入 21 世纪以来，浮石面临衰退的境地，这种困难的原因既有外在的，也有内在的。随着中央实施乡村振兴战略，浮石也迎来了新的发展机遇，但机遇不等于机会，还需要乡村根据自身的情况与特点，因时而动、因势而起。浮石飘色就应该是推进乡村全面振兴的重要依托。

行走在开平赤坎古镇的浮石飘色，前方板色为《嫦娥奔月》（郭永乐拍摄）

231

但这种依托如何才能落到实处，必须结合自身情况，有的放矢地制定具有可行性的措施。从这个角度看，浮石飘色的保护传承具有非常重要的现实价值。

（六）研究岭南传统民俗的样本

由于浮石飘色原汁原味地保留了传统的仪式，而为数众多的文献材料又详细记录了有关飘色与北帝信仰的各方面情况，为这一岭南传统民俗的研究提供了其他项目所不及的优势资源，使之成为极佳的研究样本。

三、小结

通过对浮石飘色的特色与价值的梳理，我们可以看到，它就是一座根植于浮石乡村的传统民俗艺术宝库，也是新时代推进乡村全面振兴的抓手。必须因应它的特色与价值，以及它当前存在的困难，提出有建设性的策略。下一章，我们将重点探讨一下浮石飘色的三根支柱在新时代出现的问题，为浮石飘色乃至浮石村的发展停滞找到根源。

第十章
浮石飘色的困境

前面我们系统地分析了浮石飘色的三根支柱，包括赵氏宗族、民间信仰和村落组织，它们在不同时期给予浮石飘色以至关重要的支持，使浮石飘色得以不断发展，成为当地最具标志性的传统民俗事象。然而，进入新时代，浮石飘色与其他非遗一样，面临保护传承的困境。本书认为，这些困境的出现与三根支柱难以给予足够的支撑有关。因此，本章对三根支柱的现状进行梳理，分析浮石飘色面临的具体困境。

一、赵氏宗族出现的困境

（一）人口流失严重

据《浮石志》统计的数据，1950年浮石的户籍人数为7618人，1952年的户籍人数为7694人[1]，到1964年降为5135人，1982年有所增长，升为6764人，而到了2021年第七次全国人口普查统计，浮石的户籍人口虽然仍有6312人，但实际居住人口只有4807人。[2]之所以出现

---

[1] 陈明：《浮石乡怎样突破形式主义初步扭向深入》，《台山土改》第46期，1952年8月24日，第2页，林丹彤藏本。

[2] 魄力：《第七次全国人口普查结果公布》，《浮山月报》第219期，2021年12月，第4页，浮山月报社藏本。

侨乡出色
——台山浮石飘色的保护传承研究

这种情况，主要是出国和出城。

1. 出国

在改革开放后，浮石村有大量的人口随亲属出国，在《浮山月报》中，几乎每期都刊登相关的信息，现摘录几段较为典型的案例：

村心坊旅美乡亲，国祥翁之次子醒明、三女丽月、四子明辉。今年三月获准赴美定居。兄妹三人，遵父母之嘱咐，旋乡各办婚事……醒明先生与二坊维伦翁之女美娣小姐结为眷属；丽月小姐与二坊德旺翁之长子现胜先生结婚；明辉先生与广州一位小姐结婚。三对佳偶，情投意合，心心相印，携手结婚登记及申请手续，兄妹三人于九月一日启程返美。①

（赵元璋）翁之儿女皆已成家，共分五户，于今年先后赴三藩市谋生：第一批三户，有汝燊、汝玲、汝仲等九人，于三月二十九日平安抵美；第二批有汝森、汝权两户，于六月十九日平安抵美。②

两段报道涉及两个家庭，前者赵国祥一家，二子一女赶在出国前完婚，再一同出国，人数为5人（另有1人为广州籍，不在统计之列）。后者赵元璋一家，共有5个儿女，估计为15人，在一年内分两批出国，全部去了美国三藩市定居。这只是个案，但从侧面说明当时浮石村出国人数非常多，往往是整个家庭出国，使本地失去了一个人口繁衍再生的支撑。

还有的华侨专门回乡择偶，并与配偶双双出国：

旅美雷小柳小姐认为家乡的青年纯厚朴实，终身伴侣可靠。得亲朋介

---

① 正：《千里姻缘一线牵》，《浮山月报》第104期，1991年12月，第32页，浮山月报社藏本。
② 赵恩普：《元璋翁儿女 全赴美定居》，《浮山月报》第131期，1998年9月，第22页，浮山月报社藏本。

绍与村心青年赵维健通信，相互了解，建立爱情。于去年七月由美国回乡与维健君办理结婚。七月十日，维健君家里宾客满堂，同声祝贺这对新婚夫妇爱情永笃。①

这种情况则是吸纳村中的年轻人，加剧了本村的老龄化状况。

2. 出城

除了出国，还有大量的年轻人出城就业、生活，特别是每年考上大学的子弟，基本留在城市工作。下面列举几个例子：

赵瑞彰，1951年出生，29岁（1980年）考入华南师范大学读本科，1984年又到暨南大学读硕士研究生，之前留任暨南大学，又历任顺德、台山、开平等地的地方领导。

赵耀新，1942年出生，23岁（1965年）参军，1970年转业，在广州、台山等地工作，曾任台山市日用杂品公司总经理。

赵汝光，1951年出生，1985年毕业于上海空政学院，之后在部队工作。1990年转业到江门烟草公司工作。

赵文逸，1960年出生，1982年在江门电视大学毕业，之后在江门工作，曾任金成电子厂厂长。

赵国斌，1971年出生，1992年在五邑大学毕业，毕业后留在江门市化肥总厂工作。

赵迎春，1968年出生，1992年在海南大学毕业，之后在海南农垦侨联公司工作。

以上只是部分读书出城的例子，还有大批这样的年轻人为了谋生出外就业创业，如黄家鸿到南海办鞋厂、赵善安到广州办金属制品厂等。

---

① 健：《千里姻缘成佳话》，《浮山月报》第78期，1983年3月，第29页，浮山月报社藏本。

侨乡出色
——台山浮石飘色的保护传承研究

化好妆等待表演的色仔色女（台山市艺术馆提供）

（二）人口老龄化严重

伴随着大量人口的出国、出城，留在本村的人口中，大部分为老人，致使当地的老龄化极为严重。根据2021年第七次全国人口普查统计，在浮石村实际居住人口的4807人中，60岁以上人口1502人，其中包括70岁以上人口735人、80岁以上人口193人、90岁以上人口49人。[1] 老龄人口占实际居住人口的31.25%，远高于全市、全省水平。[2]

与之相对应的是，适龄儿童人数急剧下降。从《浮山月报》显示的数据，在1949年，基础教育虽不能普及，但仍有相当数量的学生，"中心学校六百二十人，平民一百七十四人，一二保校一百二十二人，统计三校

---

[1] 魄力：《第七次全国人口普查结果公布》，《浮山月报》第219期，2021年12月，第4页，浮山月报社藏本。

[2] 台山市60岁以上人口占比23.07%，江门市占比18.26%，广东省占比12.4%。

| 第十章　浮石飘色的困境

共九百一十二人"。① 而到了中华人民共和国成立后，1982年当地中学生301人，小学生890人，总数为1191人，浮石学校也是全台山规模最大的学校之一。②1993年，浮石学校有中学生276人，小学生708人，学前班102人，共计1086人。③ 到了1999年，浮石中学开始招收田稠村的学生，中学学生共计412人，小学和学前班学生900人。④

据浮石小学校长李万光介绍，浮石小学陆续合并周边村委会的生源，现时招收包括浮石、横江、曹厚、六福、安南、唐美、田稠7个村委会的学生，共有小学生432人，幼儿园学生170人。由于距离较远，学校有3台校车，每天分三次接送，早上从六点十五分开始接，下午从四点十五分开始送。⑤

通过统计可以看出，在1982年之后，浮石村的适龄儿童人数逐渐下降，现时只有原来的五分之一到四分之一。

浮石村在校学生人数统计表

时间	学前	小学生	中学生	中小学生总人数⑥
1949年	不详	不详	不详	912
1952年	不详	731	不详	不详
1982年	未统计	890	301	1191
1993年	102	708	276	1086

---

① 佚名：《就学人数调查》，《浮山月报》第59期，民国三十八年（1949年）2月，第22页，《近代华侨报刊大系》第六五册，第354页。
② 陈锡汉、赵顺之等：《继往开来 兴学育材——为浮石建校欢庆》，《浮山月报》第74期，1982年1月，第28页，林丹彤藏本。
③ 佚名：《在座谈会上健勋社长的讲话》，《浮山月报》第112期，1993年12月，第7页，浮山月报社藏本。
④ 佚名：《校讯》，《浮山月报》第133期，1999年3月，第24页，浮山月报社藏本。
⑤ 2023年6月20日对李万光的访谈。
⑥ 由于有几个时间点的学前儿童人数缺失，为便于对比，只统计中小学生人数。

续表

时间	学前	小学生	中学生	中小学生总人数
1999 年		900	412	958[①]
2023 年	170	432	无	602

（三）产业经济停滞

在改革开放后，浮石村大力兴办实业，并取得了较为辉煌的成绩，在一定程度上保证了村落的兴旺。但是，进入 21 世纪以来，不少工厂的效益下滑，纷纷倒闭，当地村民也失去了就业机会。据赵坚文介绍，随着经济转型，台山又未能形成有集聚力的产业，这些劳动密集型的乡镇企业陆续停产；另外，屠宰场转为统一经营后关门大吉，砖厂也由于环保政策而停产，又失去了所剩不多的工业企业。当产业经济停滞后，村中的就业人口大减，年轻人纷纷到外地打工谋生。[②]

二、民间宗族组织出现的困境

2005 年，北极殿重建后，成立北极殿管理机构，专门负责北极殿的日常管理，以及巡游活动组织，飘色也回归到北帝诞巡游活动之中。但是，此时的民间宗族组织也出现诸多困境，难以为飘色提供有力支撑。

（一）民间宗族组织失去现实作用

正如前述，北帝信仰获得赵氏宗族的支持，其中的重要原因是调和宗族内部公房间的矛盾，这种矛盾根源于土地利益。在中华人民共和国成立后，所有土地收归国有，这种因利益而出现的矛盾自然也消失不

---

① 由于1999年的统计没有单列学前儿童数量，现参照2023年的学前儿童与小学生比率，学前儿童计算为354人，小学生为546人。
② 2023 年 9 月 26 日对赵坚文的访谈。

见了。

另外，在传统社会举办神诞活动，还具有一定的商品经济交流作用。但随着商品经济的发展，这种功能也已消退殆尽，人们不再需要专门来赶集，获得生活的必需品，参与神诞活动的热情也会降低。

（二）失去经济基础

在中华人民共和国成立前，北帝诞有北帝尝会组织，为其举办仪式提供源源不断的经济支撑。这一组织在重建北极殿后虽然重新建立，但再没有了自给自足的经济能力，主要依靠来自外部的捐款和信众的香油钱。但来自本地村民和海外华侨的捐资存在不确定性[①]，制约了北帝诞的举办能力。原有的"生口菩萨"的取消，估计有部分原因则是为了节省人员开支，因为每个"生口菩萨"由4人抬杠，4个"生口菩萨"共需人员20人，每人工钱400元，需要支付8000元。

（三）浮石北帝诞的影响力不足

浮石的北帝诞影响力相对较弱，主要吸引本村村民及海外乡亲，对周边地区的吸引力不足。相比起来，一些重要的神诞活动，因有较为广泛的信仰基础，其影响力也相对较大。比如，蓬江区潮连街道的洪圣庙，该庙平时的香火十分兴盛，周边地区的信众会慕名前来。每到诞日举办的投灯大会，信众会积极参与。在2015年的公益竞投中，共投得善款636万元。[②] 这些善款不仅可以保证庙宇的运营，还可用于当地的公益事业建设。又如佛山的北帝诞庙会，在珠三角地区有较高的知名度，2023

[①] 本书作者统计了《浮山月报》2005年至2019年的北极殿捐款鸣谢数据，历年的捐款总数在五千至五万元间，且呈现不规则波动，认为可能存在人为因素影响。

[②] 庄英业：《洪圣文化节成潮连本土文化盛典》，《江门日报》2015年4月7日，A05版。

侨乡出色
——台山浮石飘色的保护传承研究

年的庙会仅一天时间就吸引约 6 万人前来参加。[①] 但浮石北帝诞远没有达到这种知名度，据当地人估计，同为 2023 年的北帝诞巡游，仅有几千游客到此参观，可见其吸引力相差较大。而在一些对浮石北帝诞巡游的报道中，甚至错把"浮石村"写成"浮月村"[②]，出现张冠李戴的情况，[③] 更是说明其辨识度不足。笔者在 2023 年国庆黄金周的调研中，有一个出生于台山、现居广州的信众到浮石北帝庙参拜，并称每年都来。但更多的受访者纯粹是作为景点进行参观。

8 台飘色一字排开，在北极殿前广场集中亮相，引来参观者围观拍照，飘色的吸引力已然超过北帝神灵（台山市艺术馆提供）

---

① 佛山新闻网：《市民狂追"北帝诞"，海内外游客看嗨了》，2023 年 4 月 23 日。
② 浮月村同样在斗山镇，该村以碉楼而闻名。
③ 宋雯：《流动的戏剧——台山浮石飘色》，人民号，2023 年 4 月 30 日。

第十章　浮石飘色的困境

三、村落组织出现的困境

（一）组织内人员老龄化严重

正如赵氏宗族出现人员老龄化问题一样，该村的村落组织也出现人员老龄化问题。这种情况在改革开放后重新成立的浮山月报社和琳琅剧社表现得最为突出。

剧社在改革开放后重获新生，经常为当地的大型活动助兴，还获得了飘色的管理权。现时，随着乡中的粤剧爱好者逐渐老去，已难以承办粤剧表演，飘色反而成为其主业。但随着人员的进一步老化，北帝出巡活动都显得力不从心，一是八音锣鼓无人能够演奏，醒狮也要从外面请；二是胜任抬色柜的力气活的人越来越少，现时抬北帝的力气活都是雇外村的人来做，抬飘色的虽然仍是本村人，但可选的人越来越少。据赵宪冲介绍，色柜重达 300 斤，虽然是 4 个人抬，但长时间担抬，对肩膀受力要求很高，年轻一代少有从事体力劳动，一般不能胜任。[①] 据调查，现时飘色队成员 20 人，其中，80 岁以上 3 人（两人实际已退休），70 岁以上 4 人，60 岁以上 4 人，50 岁以上 6 人，40 岁以上 2 人，30 岁以上 1 人。就在笔者调研飘色期间，最年轻的代表性传承人赵醒全（69 岁）出国生活，有可能就此离开飘色队。赵汝潜表示，目前要着手寻找年轻人接手，担起传承人的责任。[②] 不过，村中也并非后继无人，就如最年轻的队员赵兴业，现为一名职业乐手，在粤剧团工作，空闲时回乡参加飘色活动，他加入队员已有 6 年，基本掌握飘色的技艺。[③]

---

① 2023 年 6 月 15 日对赵宪冲的访谈。
② 2023 年 9 月 30 日对赵汝潜的访谈。
③ 2023 年 10 月 3 日对赵兴业的访谈。

（二）新生代认同度降低

旅外组织的人员虽然有年轻人补充，但年轻人不在浮石出生，对浮石的感情较为淡薄，愿意回家乡看看、为家乡出力的人越来越少。杂志从一年四期缩减为一年两期的一个重要原因就是来自海外的捐款越来越少，而邮费又大幅提高，只有缩减办刊的开支。

飘色对于老一辈华侨来说，是乡情的依托物，但对于新生代来说，则缺少这种认知。从海外捐给飘色的资金看，近10年来只收到一笔来自国内乡亲200元的捐款，港澳同胞和海外侨胞很少再给予捐助。这也从侧面说明来自海外新生代的支持力度日益减弱。

（三）创新能力变弱

现时琳琅剧社固定了10架左右的飘色主题，每次出色都是在其中挑选，多年来没有制作新的飘色，让观众产生审美疲劳。其根源在于现有的传承人年纪较大，缺少继续创新的动力与能力。

另外，飘色进校园的方式过于简单，传承人缺少授课经验，没有针对学生特点丰富教学形式，不能很好地激发学生的兴趣。

四、小结

从对本根支柱存在的困境分析可以看出，随着城市化、工业化、信息化的程度日益加深，加上传承人老龄化严重，包括浮石村在内的中国广大乡村都面临着越来越严峻的生存危机。他们的宗族、民间信仰和村落组织已失去了生长能力，剩下的只有与时间的搏斗。浮石飘色生长于这片土壤上，必然受到巨大的冲击。幸而，因为它自身所具有的适应性与独特性，吸引了外来的商业邀请，才为它的生存带来一些帮助，使它的运作较为正常，但仍然存在很多危机。

第十一章 浮石飘色保护传承的对策思考

针对浮石飘色面临的困境，本书提出以下应对的策略建议。这些策略从人（飘色人才）、事（飘色发展）、业（旅游产业）三个层面论述，每个策略又细分成若干条建议，务求尽量多方位地为浮石飘色的保护传承提供建设性思路。

一、加强人员培养层面的策略

（一）提供专业技术人员支持

人员老龄化是浮石飘色面临的最大问题，如果不能妥善解决，只会致使当地人口不断减少，飘色队伍的更新也将面临难以为继的困境。不过，就目前情况来看，浮石飘色急缺的不是普通的队员，而是有一定专业技术的人员。因此，必须想方设法扩大参与飘色的面，引入相关的专业人员。

1. 镇级提供紧缺人才

现时，浮石飘色不仅是浮石村的荣誉，也是斗山镇的荣誉。2008年，斗山镇被文化部命名为"中国民间文化艺术之乡"，是该镇获得的唯一的国家级殊荣。针对浮石村人口萎缩、飘色队伍人员减少的问题，斗山镇可以进行协调，为该村配备一些外村人员。现时，飘色队的色仔色女、抬柜人员还能维持，但八音锣鼓已不能保证。斗山镇是音乐之乡[①]，有不少八音锣鼓人才，可以组织这样的人才参与飘色表演。一方面，可以减少浮石村民对"扩编"做法的抵触情绪；另一方面，也可为斗山的音乐人才提供多元的展示平台，推动广东音乐和浮石飘色两项国家级非遗共同发展。

2. 学校配备专业教师

现时的浮石小学教师人数少，笔者在调研过程中，该校校长曾向笔者请求提供师范类实习生，以暂时填补教师不足的困难。为此，本书建议相关部门应正视浮石小学存在的师资不足问题，以及浮石小学处在台山仅有的两个国家级非遗项目之一的发源地的特殊性，优先为其配备1至2名有一定从事传统曲艺经验、手工制作技艺的教师。一方面，可以让教师扎根浮石小学，协助做好浮石飘色进校园的工作；另一方面，由于浮石小学隶属浮石村，村民对学校的认可度较高，该校教师可适度参与到浮石飘色的活动之中，指导优化飘色的化妆，优化飘色造型、创新板色等工作。

3. 市级提供资源帮助

台山市有相应的曲艺、文化类的专家，可以聘请一些有经验的专家作为浮石飘色的市级顾问，定期到浮石村调研，给予协调解决一些实际问题，也可联系资源，为浮石飘色的发展提供帮助。市级顾问还应着眼于发现与培养当地的新生代人才，使其学习掌握一些与飘色相关的知识技能，逐渐成长为浮石飘色的后备力量。

---

① 斗山涌现了音乐家陈品豪、演奏家陈涛、作曲家陈德平等音乐人才，是台山申报立项国家级非遗"广东音乐"的重要支撑之一。

4.鼓励退休耆老回乡

2023年，由国家九部门联合发文《"我的家乡我建设"活动实施方案》，鼓励引导退休干部、退休教师、退休医生回乡定居。对此，浮石村可以积极对接本村的退休乡亲，鼓励有相关特长的乡亲回乡，支持家乡的各项建设，其中就可为飘色的发展贡献力量。

（二）加强非遗进校园工作

据了解，浮石小学从2017年开始开展飘色进校园工作，并取得了一定成绩。比如在台山开放大学投资30万元帮浮石小学在校园中打造飘色小广场，丰富了校园的文化氛围；在校本课程中，道德与法治、班会课

浮石小学校园一角，专设为飘色文化的展示区，有《穆桂英挂帅》板色模型，以及各个常用板色的图片和文字介绍（宋旭民拍摄于2023年6月20日）

侨乡出色
——台山浮石飘色的保护传承研究

中，融合飘色方面的故事进行德育教育；以飘色节目命名班名，增强班级的凝聚力。该校在 2021 年成为广东省第三批优秀传统文化传承学校，2022 年获台山市教育系统"美育工作先进集体"称号。[①] 接下来，还应继续加强非遗进校园工作，务求借助浮石飘色打造本校的教育品牌。

1. 利用老队员资源

由于飘色表演对色仔色女的年龄、体重有较为严格的要求，超过一定年限的色仔色女就要自动退出。因此，琳琅剧社每年都要到浮石小学挑选色仔色女，以补充新鲜血液。但是，老队员退出后，似乎就与飘色无关了。

本书建议，应该把这些老队员资源利用起来，组成飘色文化的校内宣讲队，让其与村的飘色队配合起来，以亲身经历演说参与飘色的体会与启发，从历史文化角度向同学介绍飘色的历史与内涵。

2. 开展多种形式的教学

现时，非遗进校园主要是挑选适合当色仔色女的学生，向学生展示飘色的造型表演，形式尚嫌单调，无法吸引更多学生的参与。为此，应该结合飘色表演开设相关的课程。比如，开设八音锣鼓课程，学习相关的演奏技艺，并从中发现培养人才，在条件成熟时将参与巡游展示表演；开设化妆课程，手把手地教学生化妆，通过这样的训练，学生能够直观地了解粤剧中的生旦净末行当；开设粤剧表演课程，让学生学习简单的粤剧表演动作，激发对粤剧和飘色的兴趣。

---

① 2023 年 6 月 20 日对李万光的访谈。

第十一章 浮石飘色保护传承的对策思考

浮石飘色进校园系列活动情况（台山市艺术馆提供）

3. 开展阅读沙龙活动

在《浮山月报》中有不少文辞优美、情感真挚的好文章，其中也有描写飘色、北帝巡游的文字。应该将这些文字转化为学校的校本教材，通过阅读沙龙等活动，让当地学生真切地感受到前辈们对浮石村、飘色的感情，感受其中蕴含的爱国爱乡之情，从而激发起对家乡、飘色的热爱。

4. 加强教育品牌建设

在有了以上的扎实工作之后，学校还应着眼于本校的教育品牌建设，形成有一定影响力的教育品牌。比如，以浮石飘色为平台，形成具有本校特色的德育教学工作模式，把飘色教育以"练、说、悟"[①]融入学校的低、中、高年级德育教学之中，变成一个成体系的德育教学模式，培养其"懂文化、会审美、能刻苦、爱国家"的精神品格。

通过教育品牌的建设，不仅能提升学校的教育质量与知名度，更能产生马太效应，使更多优秀教师愿意到浮石小学扎根，也能留住当地的学生，在一定程度上减缓学生外流的速度，为浮石村培养后备人才，实现学校、学生、村落三方共赢的局面。

（三）加强传承人的培养

由于飘色是一门综合性艺术，所需的人才也是多方面的。因此，对传承人的培养也应从多方入手，包括音乐、飘色制作、表演、组织等，重点是吸纳年轻人参与。

1. 加强代表性传承人梯队建设

浮石飘色现有代表性传承人3人，均在70岁以上。2023年参加佛山秋色巡游，已经79岁的赵汝潜因为体力不足而未能参加，只有派77岁的赵宪冲参加。作为国家级非遗项目，当地应该在代表性传承人名额上给予重点关注，只要条件符合的人选，就应该给予荣誉，争取多培养几个传承人，增强参与人员的荣誉感与责任感。还要有意识地发展"60后""70后"的传承人，使之形成老中青配合的梯队。

2. 吸纳青年大学生回乡

现时各地都有吸纳大学生到农村的政策，可有意识地吸纳一批本村的大学生回流浮石，对曾当过色仔色女的年轻人，应该从政策上给予加

[①] 所谓练，就是参与飘色训练，包括色仔色女、八音锣鼓、化妆等。所谓说，就是说飘色的文化内涵，浮石的历史文化。所谓悟，就是通过飘色体悟爱国精神、人生道理、学习方法。

分。对符合条件的回流大学生，应进行重点培养，使之成为浮石飘色发展的后备力量。

3. 发挥在外工作年轻人的力量

对于在外工作的、有一技之长的年轻人，应该调动他们的积极性，通过线上线下相结合的方式，激励他们参与到浮石飘色的创新发展上，并以之为抓手，在新时代发挥凝聚乡情的作用。如笔者接触的赵崇煦，他年届40岁，是广州市政协委员，对家乡的文史非常热心，近几年有许多文章在《浮山月报》上发表，他表示以后时机成熟要为浮石续修村史。[①] 相信在海内外还有一批这样的热心人士，只要积极发动、用其所长，还是能找到一批志同道合者为浮石飘色的发展出力。

二、扩大飘色影响层面的策略

（一）拓展浮石飘色的展示场景

现时浮石飘色的展示，除了一年一度的北帝诞巡游之外，主要依靠外部的邀请，如果邀请少了，飘色的展示就相应减少。为此，应该想办法拓展浮石飘色的展示场景，以进一步提升其文化影响力。

1. 与时俱进增强浮石飘色的表现力

从佛山秋色巡游的观察看到，浮石飘色虽然较为完好地保留了传统的方式，但由于缺少创新，难以适应在城市空间中的展示需求。为此，应适当增加飘色的显示内容。

（1）勇于向其他飘色项目学习，创新板色内容，提升观众对浮石飘色的新鲜感。

---

① 2023年9月30日对赵崇煦的访谈。

（2）适应夜间表演的需求，在色架、服饰、道具上增加发光装置，提升表演效果。

（3）对色仔色女进行一定的训练，学习对道具，如银枪、花篮等的表演技巧，提升在色架上的动感效果。

（4）依托舞蹈专业人员力量，设计一定的表演内容，使飘色更具观赏性。

（5）结合形象展示需要，增加配套仪仗。如将现有的引导牌改为更为醒目的旗幡，让观众第一时间知道队伍的出处与获得的荣誉；增加跟随的彩旗及各式兵器，提升飘色的威仪。

2. 加强与江门五邑各地的旅游活动合作

每年江门五邑各个旅游景点都会举办各种各样的活动，以吸引游客的注意力。浮石飘色曾参与部分的重要活动，如2023年受邀参加了2023中国（江门）侨乡华人嘉年华活动，在刚开业的赤坎古镇景区表演。但是，这样的展演还是太少了。下一步，可与赤坎古镇景区的运营方沟通，定期参加该景区的展示活动，增强该景区的吸引力，也为浮石飘色提供更有号召力与影响力的平台。

3. 为浮石飘色提供更多元的展示机会

江门、台山各级每年都有非遗展示、旅游推介、书香节等方面的活动。在本级活动中，应积极邀请浮石飘色参与，以多种方式进行展示；并向上级部门争取更大的展示平台，加强与兄弟地区的交流，进一步扩大浮石飘色的影响力。

浮石飘色2023年华侨华人粤港澳大湾区大会系列活动展示，图中板色为《劈山救母》，背景为赤坎古镇（江门市统战部提供）

4. 加强与海外侨团的联系

浮石飘色不仅仅是浮石赵氏乡亲的"根、魂、梦",也是广大华侨华人的文化纽带。而台山乃至江门又是侨务大市,在这方面的资源非常丰富。为此,应加强与侨务部门的沟通对接,争取参与港澳青少年夏令营、海外青年寻根之旅等活动,并与舞龙舞狮、龙舟武术等岭南传统民俗活动结合在一起,共同展示中华优秀传统文化的魅力。

(二)深挖浮石飘色的文化内涵

1. 利用好《浮山月报》资源

《浮山月报》中有大量关于叙述浮石历史、描写北帝巡游和飘色的文字,这是其他飘色项目所没有的,应该利用好这些资源,妥善保存现有的杂志,将其电子化。将有感染力的文字以合适的方式展示,让读者感受到其中的魅力。

2. 启动抢救性记录工作

广东省对省级以上非遗项目代表性传承人,有抢救性记录的工作机制。针对浮石飘色现有代表性传承人年龄较大的情况,非遗主管部门也可争取上级力量支持,尽快启动抢救性记录工作,为浮石飘色保留珍贵的一手材料。

3. 组织研究浮石飘色的团队

台山应该利用当地的侨乡历史研究会等力量,和《台山文史》等平台,组织一批有一定研究能力的人员,对浮石飘色的文化内涵进行系统性、长期性的研究,定期推出研究成果,为浮石飘色提供文化层面的支持,以进一步讲好飘色故事。

4. 申报新的非遗项目

浮石有深厚的历史文化，可以成为非遗项目的不仅有飘色，还有更多的内容，这些项目会与浮石飘色相映成趣，进一步提升浮石村整体的文化知名度。比如，申报北帝诞活动（传统民俗），内容可以包括北帝的传说故事、北帝诞巡游、北帝诞的传统饮食习俗。又如，讲述浮石赵氏发源故事（民间故事），在浮石的文献中有大量有关浮石赵氏如何迁居浮石，如何在浮石发展的故事，这些故事仍然广泛流传在海内外浮石人的口中，这些故事本身就是珍贵的文化宝库。

（三）创新展示内容

浮石飘色现有的色柜相对单调，缺少必要的创新，容易使熟悉的观众产生审美疲劳，降低观看飘色的期望度。为此，浮石飘色应加强展示内容创新，以增强自身的吸引力。

1. 借鉴其他飘色的经验

通过加强与沙湾飘色等兄弟项目的交流，学习其在制作色架、设计造型方面的经验，借助增强台山、斗山、浮石小学的力量，组成攻关团队共同研发，设计具有本土特色的、新的板色，在两人色架的基础上，探索多人色架的设计。在表演时定期更换展示内容，争取让每场展示都有新的亮点，保持公众对观看浮石飘色的热情。

2. 结合时代需求创设新内容

除了将传统剧目作为创作元素之外，浮石飘色还可以因应当前时代的变化，以及年轻一代的审美需求，创设新的展示内容，比如，奥运元素、华侨元素、非遗元素等，创设具有侨乡特色、时代特色的色架剧目，将飘色展示与宣传时代精神结合在一起，适应更多场景的展示需求。有了这样的创新，就能吸引更多外界的邀请，切实提升浮石飘色的影响力。

3. 增加飘色的科技元素

在保护传统形式不变的前提下,非遗也可进行有限度的创新。比如,利用现有的科技手段,加入冷焰火、光电效果、声效等元素。这样的创新不仅能增强飘色表演的效果,也能强化与观众的互动。

另外,针对抬柜工作体力消耗大的问题,可设计一两台加入电动助力的色柜,与传统的人力色柜相配搭,使展示的内容更加丰富,吸引不同年龄层次的人群。

(四)加强对外宣传渠道

浮石村就如养在深闺的碧玉,还需要加强对外宣传,以进一步提升知名度。这就需要依靠各种媒体的力量,提高宣传的效率。

1. 用好现有的媒体宣传

对飘色活动中的人与事进行深入挖掘,如色仔色女、飘色队员的巡游过程,其中的苦与汗,老一辈艺人为保护传承飘色艺术做出的努力,老华侨对飘色的回忆,等等。对浮石村的历史、飘色的文化内涵进行深入挖掘。利用台山、斗山各级媒体进行宣传,用有血有肉的故事打动读者。

2. 开拓新媒体宣传

要吸引新媒体的宣传,当地应该与电信部门沟通,开通免费的Wi-Fi服务,吸引网红到浮石打卡、直播。特别是重要的节日,如北帝诞,要邀请网络大V来直播北帝巡游,提升浮石北帝诞的影响力。还可针对浮石飘色的品牌,直播整个上色、出色的过程,增强大众对飘色的认知度。

3. 加强对海外侨团的宣传

用好《浮山月报》阵地,想办法充实一批年纪较轻、有一定写作能力的人员进入《浮山月报》社，改变现时月报社人员年纪偏大的情况。一是注重从学校教师、入村选调生等群体中挖掘，二是从出外读书的大学生中挖掘。特别是对于在校大学生，《浮山月报》作为有正式刊号的刊物，在刊物上面发表文章，对今后的学习、工作都会有一定的帮助，应该充分利用好这方面的资源。

4. 利用各种方式宣传

2022年，由郭伟坚创作的少儿舞蹈《我要当色仔》，获得2022年度江门市群众文艺作品评选舞蹈类二等奖。由浮石人资助并参与创编的电影《故园飘梦》在海外斩获大奖，并在2023年10月23日公开上映。该电影融入了很多飘色元素，并以唯美的方式展示，让世人能够更加直观地认识浮石飘色、爱上这门传统艺术。

由郭伟坚创作的少儿舞蹈《我要当色仔》，获得2022年度江门市群众文艺作品评选舞蹈类二等奖（台山市艺术馆提供）

侨乡出色
——台山浮石飘色的保护传承研究

反映浮石飘色的电影《故园飘梦》，图中剧照是飘色巡游队伍行走在田野之中。据电影制作人区晓霞介绍，当时剧组本想在浮石取景，但在临拍摄时，农田被村民收割了，剧组只好另找地点，最终在其他乡镇取景。在拍摄时，由于天气太热，队伍只走了一次，中途无人机摔坏了，导演本想再拍一次，但小演员说不舒服，只好作罢。幸好仅有的一次效果尚可，并成为电影的经典镜头[①]（区晓霞提供）

这是一个好的开始，但这样的宣传永不嫌多。笔者访谈了江门职业技术学院艺术学院院长袁海明，他表示，该学院学生的毕业创作中，较少以浮石飘色为创作元素。[②] 这种态度在一定程度上代表了本地艺术工作者的创作偏向。今后，相关部门还要对文艺工作者多加引导，让他们继续积极参与浮石飘色元素的创造性转化与创新性发展。

三、提升旅游开发层面的策略

（一）提升浮石村的旅游知名度

浮石村在2019年列入全国乡村旅游重点村首批名单，据《浮山月报》

---

① 2023年9月27日对区晓霞的访谈。
② 2023年9月25日对袁海明的访谈。

第十一章 浮石飘色保护传承的对策思考

报道，2019年浮石接待游客达11.2万人次，旅游年收入408万元；旅游从业人员132人，其中村民86人；村民人均年收入14352元，村民人均从旅游业中获得的年收入980元。① 但是，旅游对浮石村的社会经济拉动作用并不明显，浮石村的对外知名度也不算高。在某旅游推介网中，浮石村只有4.0的评分及4条评价，而邻近的浮月村有4.7的评分及125条评价，热度相差较大。浮石村的人气度、好评度在整个江门景点的排名中也相对靠后。笔者在2023年国庆黄金周到浮石村探访，发现外来车辆有所增加，但相比于一些热门景点来说，可以算得上是清静。一位从广州到此游览的游客说，他之前并不知道浮石村，他的目的地是邻近的端芬梅家大院，在路上看到有标识为旅游景点的字样，就开车进来。② 但他们也仅仅是到北极殿转了一圈，没有做太多的停留就驱车前往下一个目的地。与之相比，浮月村的旅游人数较多，村中停满了外来车辆，村民临时摆起了摊档，销售当地的土特产。为此，有必要加大对浮石村的宣传，将其文化资源优势转化为旅游资源优势，提升其旅游知名度，并产生旅游收益。

1. 进一步打响浮石北帝诞的知名度

针对浮石北帝诞的知名度不高的问题，应该加大对这个传统活动的文化内涵挖掘，丰富活动内容。比如，当地三月初三有吃乌芹藤与狗虱包的习俗，这一习俗在本地人看来可能习以为常，但对于外地人而言是较为新奇的。如果能挖掘一些与之相关的传说故事，或者吃用仪式，将它作为北帝诞活动的一个内容，将使活动更具互动性。又如，浮石北帝诞原有升炮活动，但现时已没有了。当地可借鉴恢复此活动的村落的经验，在北帝诞活动中重新举办，增加活动的内容。

---

① 陈方欢：《台山浮石村结合农耕文化与全域旅游，全力打造美丽休闲村庄》，《浮山月报》第217期，2020年12月，第9页，浮山月报社藏本。
② 2023年9月30日对一游客的访谈。

2. 设立浮石飘色展示馆

飘色表演并非平常可见，现时琳琅剧社所在的以佩赵公祠中虽然有关于浮石飘色的展示图片，但缺少实物展示，难以让观众感同身受。该村可以考虑打造一个浮石飘色展示馆，将飘色的色柜、色梗实物进行展示，还可制作几架最具代表性的飘色模型，让观众近距离感受浮石飘色的魅力。可以与摄影机构合作，进行商业开发的尝试。由摄影机构策划组织，吸引有兴趣的家长带小孩参与飘色展演活动，以亲身体验的方式留下美好瞬间。这一项目能够让飘色活动在村内常年性展示，让这项非遗发挥吸引旅游流量与热度的作用。

3. 丰富浮石村自身的旅游项目

浮石村有浮石旧十景、新十景，对于这些景点，历代都有文人墨客的诗词吟咏，这本身就是不可多得的文化资源。浮石也有散落在乡村各个角落的碉楼，这些也是作为岭南侨村的重要特色。浮石村的《浮山月报》《浮石志》《浮石赵氏族谱》等文献还记录了为数众多的历史掌故，这些都是讲好浮石故事的绝好内容。因为悠久的历史与独特的飘色文化，当地还被授予中国历史文化名村等诸多殊荣。

浮石还是台山重要的排球运动之乡，当地排球运动风气较浓，运动水平较高，应该抓住这个特色，在重要的旅游节点举办展示赛、邀请赛等活动，进一步强化浮石村的特色"侨味"。

该村还有散布全村的古旧建筑，有一些建筑还有一定的历史内涵，如赵灼故居、然庐、浮石体育协进会等。相关方面可以利用这些资源，举办各种形式的"乡村漫步"活动，以互动式、体验式开发这些文化资源。

总而言之，当地应该好好研究与利用这些资源，将浮石打造成台山重要的旅游景点，以旅游为抓手，发展餐饮、住宿等第三产业，以文旅产业振兴当地经济。

4. 加强与周边旅游景点的合作

要搞旅游产业，浮石村不应单打独斗，而应该充分利用现有的资源，与周边的景点合作，串联成有特色、有吸引力的旅游线路，通过强强联合、错位互补的方式，把旅游项目做大。比如，同在斗山的浮月村以碉楼为特色，端芬有梅家大院，都斛有海鲜街，浮石村可与这些景点有机串联。还可针对赵姓皇族的历史，与新会的霞路村、崖门的国母殿等联合，组成南宋历史寻根之旅。

（二）研发旅游周边产品

1. 设计文创产品

依托有实力的文创集团，引导其针对浮石村、浮石飘色的特点，融合侨都的文化元素，研发设计相关的文创产品，组成"皇族礼品"，并通过线下的景点平台和线上的销售平台进行推广。在新开馆的江门市非遗展示馆，以及五邑各个博物馆、展览馆也可开辟文创专柜，重点展示推介与之相关的文创产品。引导把这类文创产品作为各级政府、企业开展交流的小礼品。

2. 推出"皇家家宴"

浮石村传统有狗仔鹅，以独特的配料制作，深受食客喜爱。[1] 浮石村还是鳗鱼养殖、火龙果种植专业村，入选广东省"一村一品"项目。[2] 当地还盛产番薯等传统农产品，有一定的知名度。当地可以依托这些特色食品，鼓励现有的村内餐馆研发特色菜品，推出具有浮石特色的"皇家家宴"，让游客除了可以体验传统民俗风情之外，还能品尝当地美食，获得多维度的休闲娱乐体验。

---

[1] 赵翊秀：《浮石的狗仔鹅》，《浮山月报》第213期，2019年6月，第28页，浮山月报社藏本。
[2] 赵崇煕：《浮石村入选广东省"一村一品"专业村》，《浮山月报》第219期，2021年12月，第8页，浮山月报社藏本。

四坊村道由乡亲集资铺设了沥青，显得干净而宁静，又带点小清新（宋旭民拍摄于2023年9月26日）

| 第十一章　浮石飘色保护传承的对策思考 |

3. 探索与本土知名品牌推出联名商品

江门本地还有不少在全国有一定知名度的产品和连锁机构，可探讨将包括飘色文化在内的文化符号与这些产品、连锁机构结合，推出具有文化创意的联名商品。通过这样的结合，既提升了浮石飘色和浮石村的

左上图为象屏赵公祠；右上图为位于四坊上街二十巷的近代建筑，并挂有"浮石村近代建筑"铭牌，这类建筑在浮石村随处可见；左下图为四坊古建筑群；右下图为然庐（宋旭民拍摄于2023年9月23日、9月30日）

265

侨乡出色
——台山浮石飘色的保护传承研究

知名度，也促进了本地企业的营销，实现利益共赢。还可以探讨在本地知名的连锁店建立以"飘色文化博物馆"为主题的商店（比如，"小二街"连锁店就建立了啤酒博物馆主题的商店），在其中设置适当的飘色元素、皇族历史元素符号与文创商品，将其打造成本地的网红打卡点。

左上图为四坊东方亭，"方亭榕荫"为浮石新十景之一；右上图为一坊民居；左下图为月山公园，"月门镜池"为浮石新十景之一；右下图为绿树成荫的兰溪路，路边有个供人休息的小亭（宋旭民拍摄于2023年9月23日）

四、策略与困境的对应关系论述

本章所提出的策略并没有一一对应前一章所列的三根支柱的困境，而是从人（飘色人才）、事（飘色发展）、业（旅游产业）三个层面提出，本书认为这样所提的策略更为系统。但是，在各个策略中的具体建议，又是分别对应三根支柱的困境，为了方便读者的理解，下面简单梳理其对应关系。

针对赵氏宗族出现的困境，主要提出丰富浮石村自身的旅游项目、加强与周边旅游景点的合作、设计文创产品、推出"皇家家宴"、探索与本土知名品牌推出联名商品等建议，通过活化浮石村的旅游资源，做大做强当地的旅游产业、吸纳青年大学生回乡，以改变浮石赵氏人口流失严重导致村落的空心化问题，改变该村以农业为经济支柱的单一经济来源问题。

针对民间信仰出现的困境，主要提出打响浮石北帝诞知名度、为浮石飘色提供更多元的展示机会、借鉴其他飘色的经验、结合时代需求创设新内容、增加飘色的科技元素、申报新的非遗项目等建议，通过扩大浮石北帝诞的影响力，提升浮石飘色的感染力，让民间信仰以适合当代人需要的方式切入生活。

针对村落组织出现的困境，主要提出镇级提供紧缺人才、学校配备专业教师、市级提供资源帮助、鼓励退休耆老回乡、利用老队员资源、开展多种形式的教学、用好《浮山月报》资源、加强教育品牌建设、加强与海外侨团的联系、加强代表性传承人梯队建设、发挥在外工作年轻人的力量等建议，在一定程度上扭转村落组织人员老化、创新能力弱的难题，为飘色的发展注入生机。

五、小结

本章通过人（飘色人才）、事（飘色发展）、业（旅游产业）三个层面提出系列的建议措施，务求为浮石飘色的保护传承提出具有可行性、操作性的思路。有些建议从短期来看，可能存在一定难度，有些则需要配套具体的落地政策。因此，非遗主管部门应做好顶层设计，并从江门市推动国家级华侨文化生态保护实验区建设的高度出发，给予大力支持，帮助浮石飘色落地落实。只有这样，才能使浮石飘色不会因时代的变化而面临失传的危机。

附 录 1

浮石村文献资料查阅指引

1. 台山市档案馆

《浮石钟社》：民国二十一年（1932年）新年号第1期。

《浮龙集志》：民国二十三年（1934年）1月。

《浮山月报》：第一卷第1期、第2期、第3/4期、第5期、第6期、第8期、第12期；第二卷第2期、第4/5期、第6期、第8期、第12期；第三卷第10期；第四卷第1期、第2/3期、第4/5期、第6期、第7/8期；第40期、第48期、第53期、第55期、第60期、第61期、第63期、第64期。

《浮石赵氏族谱》，清光绪二十九年（1903年）版。

《浮石十景诗话》，清咸丰五年（1855年）版。

2. 台山市博物馆

《浮石赵氏族谱》，清光绪二十九年（1903年）版。

《浮石乡自治法》，民国十五年（1926年）。

《浮石志》。

3. 台山市图书馆

改革开放后复刊历期《浮山月报》：第 74—213 期。

4. 江门市图书馆

改革开放后复刊历期《浮山月报》：第 74—213 期，缺少量期数。

5. 浮山月报社

改革开放后复刊历期《浮山月报》：第 74—213 期，缺一定数量期数，其余每期有一定存量。

6. 五邑大学广东侨乡文化研究中心

《浮山月报》1984—1993 年各期。
《浮石乡自治法》影印本。

7.《近代华侨报刊大系》第三辑第六五册

《浮山月报》第 59 期、第 61 期、第 62 期、第 64 期。

8. 中国国家数字图书馆平台（可免费查阅）

《浮山月报》：第一卷第 2 期、第 3/4 期、第 5 期、第 6 期、第 7 期、第 8 期、第 9/10 期、第 11 期、第 12 期；第二卷第 1 期、第 2 期、第 3 期、第 4/5 期、第 6 期、第 7 期、第 8 期、第 9/10 期、第 11 期。

9. 全国报刊索引平台（不可免费查阅）

《浮山月报》第 61 期、第 62 期、第 63 期、第 64 期、第 65 期。

10. 广东省侨刊乡讯电子阅览中心平台（可免费查阅）

《浮山月报》第 218 期、第 219 期。

11. 广东省图书馆平台（不可免费查阅）

有 17 本《浮山月报》，包括第 68 期、第 69 期、第 70 期、第 71 期、第 72 期、第 73 期。

《梅初诗草》《梅坞唱酬编》《赵鲁庵先生集》。

《浮山月报七十周年纪庆专刊》。

12. 民间收藏家（笔者接触到的）

《浮石青年》第 7 期、第 9 期。

《浮山月报》第二卷第 7 期；第 66 期、第 67 期、第 68 期、第 69 期。

《浮石赵氏诗文存》《浮石志》《浮石三音字典》《浮山月报七十周年纪庆专刊》。

《浮石赵氏族谱》，清光绪二十九年（1903 年）版、1966 年版、2003 年版。

附 录 2

《浮山月报》出版情况一览表[①]

起止年月	刊期	备注
1935年8月（创刊）—1936年7月	第一卷1—7期	期数与现时看到的数量不一，存疑
1936年8月—1938年5月	第二卷1—12期、第三卷1—10期	
1938年6月—1940年2月	停刊	因区、乡当局阻挠
1940年3月（复刊）—1940年12月	第四卷1—8期	
1941年1月—1946年2月	停刊	因抗日战争
1946年3月（复刊）—1946年12月	总刊第38—42期	
1947年1月—1948年2月	总刊第43—50期	
1948年3月—1949年3月	总刊第51—57期	在广州编辑出版
1949年4月—1949年11月	总刊第58—64期	在广州编辑出版
1949年12月—1951年5月	总刊第65—71期	在广州编辑出版
1951年6月—1955年7月	停刊	因土地改革运动
1955年8月（复刊）—1956年4月	总刊第72—73期	在广州编辑出版
1956年5月—1981年12月	停刊	因反右整风运动
1982年1月（复刊）至今	总刊第74期（复刊第1期）	

---

① 根据《浮石志》《浮山月报社历任社长（理事长）总编辑一览表》制作。

参考文献

史志、古籍、族谱：

〔唐〕刘恂：《岭表录异》，广州：广东人民出版社，1983年。

〔北魏〕杨衒之：《洛阳伽蓝记校笺》，北京：中华书局，2006年。

〔宋〕周密：《武林旧事》，北京：中华书局，2007年。

〔宋〕西湖老人：《西湖老人繁胜录》，呼和浩特：远方出版社，2001年。

〔宋〕吴自牧：《梦粱录》，西安：三秦出版社，2004年。

〔明〕刘侗、于奕正：《帝京景物略》，上海：上海古籍出版社，2001年。

〔明〕张岱：《陶庵梦忆》，哈尔滨：北方文艺出版社，2019年。

〔清〕欧阳兆熊、金安清：《水窗春呓》，北京：中华书局，1984年。

〔清〕仇巨川：《羊城古钞》，广州：广东人民出版社，1993年。

佚名：《岭海丛谭》，载《岭南随笔（外五种）》，广州：广东人民出版社，2015年。

〔清〕张渠：《粤东闻见录》，广州：广东高等教育出版社，1990年。

〔清〕黄芝：《粤小记》，《清代广东笔记五种》，广州：广东人民出版社，2015年。

〔清〕何福海：光绪版《新宁县志》，芜湖：安徽师范大学出版社，

2023 年。

〔清〕赵吉士：《寄园寄所寄》，合肥：黄山书社，2008 年。

〔清〕赵天锡：《浮石赵氏族谱》，清光绪二十九年（1903 年）版，赵宪冲藏本。

赵伯勋：《浮石赵氏族谱》，1966 年版，林丹彤藏本。

赵恩普：《浮石赵氏族谱》，2003 年版。

赵锡年：《赵氏族谱》，民国二十六年（1937 年）版，古井三琨书室藏本。

赵宗坛：《浮石乡自治法》，民国十五年（1926 年），台城文雅图书印务，台山市博物馆藏本。

赵伯勋：《浮石赵氏诗文存》，1972 年。

汪宗准：《佛山忠义乡志》，民国十五年（1926 年）。

赵恩普：《浮石志》，浮山月报社，1995 年。

《台山县华侨志》，台山侨务办公室，1992 年。

《唐美村志》编纂领导小组：《唐美村志》，2006 年。

江门市地名委员会、江门市国土局：《江门市地名志》，广州：广东省地图出版社，1991 年。

专著：

左尚鸿：《中国抬阁》，北京：文化艺术出版社，2016 年。

叶春生、李鹏程：《番禺飘色》，哈尔滨：黑龙江人民出版社，2007 年。

王维娜：《空中大舞台——广东飘色》，哈尔滨：黑龙江人民出版社，2007 年。

王开桃、宋俊华：《沙湾飘色》，广州：暨南大学出版社，2011 年。

王维娜：《千色天空——沙湾飘色》，广州：广东教育出版社，2011 年。

林凤群：《年年出色——南朗崖口飘色》，广州：广东人民出版社，

2012年。

陈文山：《国家级非物质文化遗产抬阁（芯子、铁枝、飘色）·河田高景》，内部资料，2018年。

徐扬杰：《宋明家族制度史论》，北京：中华书局，1995年。

何堂坤：《中国古代金属冶炼和加工工程技术史》，太原：山西教育出版社，2009年。

王赛时：《中国酒史》，济南：山东大学出版社，2010年。

《明清广东社会经济形态研究》，广州：广东人民出版社，1985年。

[英]科大卫：《明清社会和礼仪》，北京：北京师范大学出版社，2016年。

黄淑娉：《广东族群与区域文化研究》，广州：广东高等教育出版社，1999年。

陈英钦：《汶村古城》，汕头：汕头大学出版社，2011年。

赵焕庭：《珠江河口演变》，北京：海洋出版社，1990年。

《广州越秀古书院概览》，广州：中山大学出版社，2002年。

黄泳添、陈明：《广州越秀古书院》，广州：广东人民出版社，2006年。

陈中美：《台山杂记》，台山：台山华侨书社，1986年。

陈中美：《台山旧诗集》，台山：台山华侨书社，1989年。

谭伯韶：《台山近百年诗选》，台山：台山华侨书社，1996年。

《浮雁留声》，内部资料，2010年。

赵璧光：《乡迹拾零》，内部资料，2015年。

宋旭民：《文化空间中蔡李佛拳的传承发展研究》，北京：中国华侨出版社，2021年。

宋旭民：《灯与会——开平泮村灯会的现代解读》，上海：上海交通大学出版社，2017年。

侨乡出色
——台山浮石飘色的保护传承研究

宋旭民：《荷塘纱龙的创造性转化与创新性发展》，北京：中国华侨出版社，2020年。

杂志：

《浮山月报》，台山档案馆藏本、国家图书馆藏本、广东省图书馆藏本、浮山月报社藏本、江门市图书馆藏本、《近代华侨报刊大系》、林丹彤藏本、许卫豪藏本。

《浮龙集志》，台山档案馆藏本。

《浮石青年》，许卫豪藏本。

论文：

李兴文、黎国韬：《飘色的起源与历史发展》，《文化遗产》2014年第1期。

奚锦：《台山浮石飘色的调查研究》，华中师范大学硕士学位论文，2014年。

仝娟：《抬阁和戏曲的共通性之浅议》，《黄河之声》2010年第22期。

王敏：《浅谈湛江"舞人龙"、"飘色"的人文意义》，《湛江海洋大学学报》，2004年第5期。

黄聪玲、李晓瑜：《试探"飘色"艺术的审美价值》，《南方论刊》2011年第3期。

龙洁丽：《吴川飘色的多重价值及保护、传承、发展对策》，《惠州学院学报》（社会科学版），2011年第4期。

王首燕：《深嵌于民间信仰的非物质文化遗产及其保护——以沙湾飘色为例》，《北方民族大学学报》（哲学社会科学版），2016年第4期。

彭爽：《广东"飘色"民俗文化的保护和传承探究》，《文化创新比较研究》，2021年第11期。

龚佩华：《广东台山浮石赵氏宗族家族制度试析》，《中山大学学报》

（社会科学版）1997年第4期。

冯江：《明清广州府的开垦、聚族而居与宗族祠堂的衍变研究》，华南理工大学博士学位论文，2010年。

陈若金：《陈、林两族械斗的经过》，《新会文史》第一辑，1963年，第16—20页。

冯天策：《信仰简论》，《光明日报》，2005年7月12日，第8版。

曾丽娟：《岭南五邑侨乡传统乡土园林的近代嬗变与坚守——以台山兰溪公园为例》，《美术学报》，2022年第1期。

宋旭民：《论江门礼乐的"龙舟型社区"》，《五邑大学学报》，2018年第1期。

宋旭民：《新型城镇化进程中民俗文化传统路径创新研究——以广东江门地区为例》，《广西民族研究》2018年第1期。

其他：

赵恩普：《浮石三音字典》，浮山月报社，2002年。

〔清〕简朝亮：《重修慈元庙碑》，新会崖门慈元庙，清光绪二十八年（1902年）。

浮山月报社二十一届社委会：《浮山月报七十周年纪庆专刊》，2006年，内部资料。

斗山镇人民政府：《中国历史文化名村台山市斗山镇浮石村历史文化名村保护规划》，2023年。

《台山土改》，1952—1953年，林丹彤藏本。

后　记

　　台山浮石飘色的研究对于我来说，是一次圆梦之旅。之前，我撰写出版了研究开平泮村灯会、蓬江荷塘纱龙、新会蔡李佛拳的专著，写成了鹤山鹤城花炮庙会的书稿，正在与同行合作撰写鹤山狮艺的书稿，对江海礼乐龙舟做过一个课题研究，可以说，除了台山、恩平之外，江门五邑各地的重要非遗项目，都有所涉足。而这些研究，基本涵盖了除飘色之外的岭南传统主要民俗事象。对台山浮石飘色进行系统研究，是我的非遗研究生涯的重要节点。

　　这次圆梦之旅，让我对浮石村肃然起敬。令我意想不到的是，一个小小的乡村竟然有如此深厚的文献积累——从1935年至今的《浮山月报》已出版200多期，有上百万字的文献；有3个版本的《浮石赵氏族谱》，对该村的历史有详细记录；还有《浮石乡自治法》《浮石赵氏诗文存》《浮石志》等多种文献。在江门五邑境内，再找不到一个村有如此丰富的文献资料了，即使放眼全省、全国，这样的积累也是极为罕见的。我非常荣幸，有机会以写书的方式向"宁阳礼选"之乡致敬！

　　正因为有如此丰厚的资料，为我的研究提供了许多便利，可以通过查阅文献弥补田野调查无法追寻的历史记忆，也使我的论点能够更加坚实地立起来。

　　当然，这些文献并非现成的，由于年代久远，不少已散失在各处，

| 后 记 |

为了寻找还是花费了不少精力，这个过程得到了一大批朋友的支持，使我得以结合8个地方的藏书，查阅了超过八成的《浮山月报》，还有其他的浮石地方文献。我首先要感谢林丹彤女士，她作为一名热爱家乡的藏书家，不仅为我提供了许多研究、查找资料的线索，还借阅了许多珍贵藏书。感谢台山市档案馆、台山市博物馆，两个单位各有珍藏的孤本、珍本，都为我大开方便之门。感谢新会景堂图书馆的莫艳红女士，她指导我到国家图书馆线上平台找到了不少民国时期的《浮山月报》。感谢藏书家许卫豪，免费提供了他珍藏的文献。感谢广州市政协委员、浮石乡亲赵崇煦，提供了他手头上的浮石文献电子资料，还为我的书稿提出了宝贵意见。感谢台山文史学者谭楚明、台山市博物馆的冯浩然，他们对台山历史有着深刻的认识，也为我的书稿提出许多宝贵意见。感谢台山市艺术馆、台山市文联，为我提供了许多精美的照片，使本书大为增色。感谢新会的区小健、林福杰两位文史专家，他们为我提供了新会的有关史料，帮助我更好地认识浮石的历史。除此之外，还要感谢一大批浮石乡亲，包括代表性传承人赵汝潜、赵宪冲、赵醒全，浮石村党支部副书记赵坚文，浮山月报社社长赵健勋、总编赵景柏、财务赵丁和，实业家赵卓民、区晓霞伉俪，北极殿管理员赵英松，浮石小学校长李万光，等等。

还要感谢本书的合作者黄彩筠，她对台山文化的热情执着，对研究中出现的一个个难点，都助力解决，书稿中也倾注了她的心血。

希望这本书能向台山人民献上一份尚可满意的答卷，更希望这是另一个开始，今后有更多机会关注台山文化——这个华侨文化的富矿需要投入更多的精力挖掘与研究。

宋旭民

2023年11月15日

图中色女为穆桂英扮相，此照常被作为表现浮石飘色的代表作品，登上《浮山月报》封面，也在各种场合展示（台山市艺术馆提供）